Marcio Flizikowski

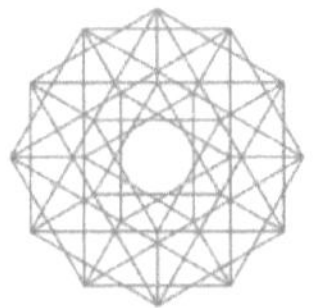

Procrastinar NUNCA mais

Estratégias de Programação Neurolinguística
para revolucionar sua vida

1ª EDIÇÃO

Publicação Independente
Curitiba – 2019

Dados Internacionais de Catalogação na Publicação (CIP)

Flizikowski, Marcio
     Procrastinar NUNCA mais - Estratégias de Programação
     Neurolinguística para revolucionar sua vida

Curitiba: Publicação Independente, 2019

ISBN 978-65-900699-1-7

Índice para catálogo Sistemático:
Autoajuda 158.1

Apresentação

Deixar para depois é uma das coisas que as pessoas fazem muito bem. Procrastinar obrigações, responsabilidades e coisas importantes. Todo mundo já deixou alguma coisa que poderia fazer hoje para outro dia, para amanhã, para semana que vem ou para nunca.

Afinal de contas, por que fazer hoje se posso deixar para amanhã? Por que fazer algo que não gosto, se tenho tempo para fazer em outra hora? Tenho tempo e mereço um pouco de descanso, preciso relaxar.

Talvez quando você procrastinou estava cansado e com preguiça, mas iria começar assim que estivesse disposto. Você não tinha como imaginar que a sua preguiça iria demorar dias, semanas ou a vida inteira.

Você pode ter procrastinado suas tarefas por que estava muito ocupado com outras coisas. Pois é, vivemos sempre muito ocupados com coisas importantes como maratonar aquela série ou ficar navegando nas mídias sociais ou fazendo outras tarefas sem importância, talvez sejam até desnecessárias, mas que gostamos de fazer.

Você já passou por uma situação desse tipo. A verdade é que todas as pessoas já passaram por situações similares, desde as pessoas mais eficientes, focadas e determinadas até as pessoas mais preguiçosas, sem determinação.

A diferença é que algumas pessoas procrastinam menos que as outras. Algumas pessoas têm maior controle e conhecimento sobre suas ações, sobre seus objetivos e seus motivadores e conseguem superar o desejo de protelar, de deixar para depois.

Por que algumas pessoas protelam menos, são mais realizadoras, e outras são verdadeiros profissionais na arte da procrastinação?

Vamos fazer um mergulho no assunto buscando compreender os sabotadores que levam as pessoas a procrastinar e descobrir quais as ferramentas, técnicas e métodos são utilizados pelas pessoas realizadoras, pessoas que não deixam para depois o que podem fazer agora.

Vamos realizar uma jornada pelos mecanismos da nossa mente que nos levam a protelar coisas realmente importantes, enquanto realizamos de imediato atividades circunstanciais e irrelevantes. Essa análise será o suporte para o nosso objetivo: superar o desejo de procrastinar, desenvolver técnicas, recursos e habilidades para se tornar mais objetivo, eficiente e motivado.

Se você está esperando por dicas e truques fáceis para superar a procrastinação, pode parar de ler o livro agora. Poucos livros, palestrantes e 'gurus' te contam que a mudança exige esforço e dedicação. A grande maioria dos 'gurus' vende fórmulas mágicas, segredos e truques não revelados. Essas dicas e as técnicas são úteis e ajudam a alcançar uma certa mudança, a obter um certo resultado. Mas são como poeira ao vento, se dissipam pelo ar rapidamente.

Para conseguir uma mudança verdadeira, uma transformação consistente, é necessária uma ação na essência da pessoa, mudar a mente do indivíduo. Transformar a sua programação neurológica que está direcionada para a procrastinação para uma mente direcionada para a ação eficiente, ativa e realizadora.

Fazendo uma analogia, a procrastinação é igual a um hábito alimentar. A pessoa deseja emagrecer, ter uma vida saudável, ficar mais bonita, então aprende todas as dicas e truques de dietas, começa a praticar exercícios, adere a última moda em atividades físicas e consegue resultados iniciais. Depois de um tempo, uma recaída, um retrocesso, volta a engordar, retorna a se alimentar de forma inadequada e abandona os exercícios.

O exemplo do processo de emagrecimento é apenas mais óbvio que outros casos de retorno ao comportamento anterior. O retorno aos costumes antigos e ruins ocorre nas mais diversas situações relacionadas aos hábitos das pessoas. Pode ser vício, compulsão ou apenas um hábito ruim, enquanto não ocorrer uma mudança na cabeça da pessoa, uma nova programação neurológica, a eficácia da transformação estará sempre comprometida.

Nas próximas páginas você entenderá por que procrastina e por que deixa para depois muitas atividades importantes. Entenderá por que toma essas decisões, como sua mente funciona e como mudar essa situação.

Após compreender o seu estado atual, receberá ferramentas e recursos que vão permitir que você realmente mude sua mente, transforme seus hábitos, diminua e até elimine da sua vida a procrastinação. Aprenderá técnicas e estratégicas de programação neurolinguística aliadas a recursos de hipnose que vão te permitir atuar diretamente na sua mente, no seu subconsciente, proporcionando uma mudança profunda e significativa.

Por último, você irá praticar seus novos hábitos por meios de estratégias de programação neurolinguística que vão fortalecer suas mudanças, vão desenvolver auto confiança e estimular seus novos hábitos. Você irá praticar mentalmente suas mudanças fortalecendo as sinapses dos novos hábitos.

Siga em frente e se permita transformar sua vida. Apenas um aviso. Não espere que a mudança será fácil, que você aprenderá pequenos truques ou receberá dicas milagrosas. O primeiro passo para você alcançar seu objetivo, conseguir realizar uma mudança em sua vida, é assumir a sua responsabilidade no processo.

Responsabilidade e comprometimento são a chave para o seu sucesso. Siga em frente, comprometa-se com seus resultados e saiba que você é o grande responsável pela mudança. Nos momentos de dificuldades, nas situações mais complexas, não invente desculpas, não critique o livro e as técnicas. Se algo não estiver funcionando, mude, faça diferente, busque a solução mais adequada para você. Ou, volte para sua zona de conforto, crie desculpas para você mesmo e continue sendo um profissional da procrastinação.

O desafio está lançado. Você é capaz, basta parar com suas desculpas e assumir a responsabilidade pela mudança. Siga em frente, por que você merece.

Sumário

CAPÍTULO I

Antes de tudo

Manhã de sábado, acordo pensando no que fazer naquele dia. Além das tarefas normais, planejei cortar a grama e assistir ao filme que havia estreado no serviço on-demand. Meu plano era acordar, tomar café e cortar a grama. O dia amanheceu propício para isso. Céu azul, sol, sem muito calor. Enquanto tomava café dei uma olhada nas notícias, acessei as mídias sociais e resolvi que iria assistir ao filme antes de cortar grama. Deixaria a atividade para mais tarde.

Duas semanas depois, eu ainda não havia cortado a grama. Naquele sábado, que eu cortaria a grama, o tempo mudou enquanto eu assistia ao filme. Apareceram algumas nuvens no céu e achei que era melhor não trabalhar no jardim naquele dia. Certamente a grama ficaria um lamaçal - uma boa justificativa. Inventei outras desculpas nas semanas seguintes até perceber que estava procrastinando a tarefa. O mato já estava alto. Era preciso tomar uma atitude e eu deixei até o último momento para fazer a tarefa.

A história não é real, mas é bem verdadeira. Certamente você já passou por algo similar. Uma atividade importante que deveria realizar, mas foi procrastinando, inventando desculpas e contando histórias para si mesmo para não realizar o trabalho.

Somos muito bons em procrastinar. Em deixar para depois, adiar, postergar as coisas. Normalmente deixamos para depois aquilo que não dá prazer. Procrastinamos as obrigações que nos causam dor. Podem ser coisas bem pequenas, como não lavar a louça logo após a refeição, o relatório que é adiado até o prazo final de entrega, aquela ligação para uma amiga ou até mesmo a consulta médica.

**Procrastinar é uma lacuna
entre intenção e ação.**

Timothy Pychl

Sempre criamos justificativas que na verdade são desculpas esfarrapadas. Ao inventar essas desculpas, fazemos as seguintes perguntas e afirmações para nós mesmos: Por que fazer agora o que pode ficar para depois? Se o prazo é semana que vem, por que vou fazer hoje? Agora estou cansado e posso fazer isso amanhã. Não tenho pressa, tenho tempo e na hora certa vou fazer. E tantas outras 'justificativas'.

Uma desculpa atrás da outra e, quando percebemos, perdemos o dia, perdemos a semana, perdemos o mês, perdemos a vida.

São negociações que fazemos todos os dias com um único objetivo: não nos sentirmos mal por procrastinar nossas obrigações.

O mundo está repleto de procrastinadores profissionais. Pessoas que deixam para depois diversas atividades e obrigações. Você não está sozinho, mas isso não é desculpa para continuar do jeito que está. O fato de não estar sozinho, de muitas outras pessoas serem iguais a você, não te permite ficar acomodado.

Você quer ser apenas mais um na multidão? Você gosta de ser medíocre? Medíocre tem origem na palavra média. O sujeito medíocre está na média normal das pessoas. Você se sente bem em saber que o normal das pessoas é procrastinar e que você está dentro dessa normalidade? Acredito que não. Você quer aprender a realizar suas tarefas de forma antecipada, criar o hábito de não procrastinar, se tornar mais eficiente.

Tenho duas boas notícias para você. A primeira é que superar a procrastinação é possível. Basta ter os conhecimentos e os recursos corretos - sem dicas e segredos, mas técnicas desenvolvidas por especialistas do mundo inteiro, já testadas e aplicadas. A segunda boa notícia é que superar o hábito da procrastinação, mudar de atitude, só depende de você. Depende apenas de você assumir a responsabilidade pela mudança.

Você vai ter ajuda na sua jornada: um guia que vai te orientar nesse desafio, que vai te mostrar como escalar a montanha, superar as tempestades, desviar de obstáculos e alcançar o topo. Chegar ao seu objetivo. O guia é esse livro. Antes de começar a caminhada, vamos dar uma olhada no nosso mapa. Vamos ver como o livro se desenvolve e qual caminho você seguirá.

A primeira etapa começa com a identificação dos seus motivadores pessoais, seus valores e os gatilhos que acionam esses valores. Ao identificar seus valores, você compreenderá melhor o que te motiva e o que não te motiva. O objetivo é tornar claro o quanto procrastinar se contrapõe aos seus valores, aos seus objetivos de vida, às suas metas individuais.

A partir da identificação dos seus valores e a consciência da influência deles no seu processo de ação, na sua eficiência, na sua proatividade, o livro entra na questão dos motivadores dos seres humanos. Aquilo que nos move. Vamos falar sobre dor e prazer - as duas sensações essenciais das pessoas - e como elas agem nas nossas decisões, ações e até na nossa inércia, na nossa paralisia.

O passo seguinte é um processo de ressignificação dos motivadores, da percepção das nossas decisões e ações quando procrastinamos algo. Vamos entender como funciona o nosso mecanismo de decisão e por que normalmente escolhemos adiar tarefas, mesmo percebendo, tardiamente, que não foi uma boa escolha.

A identificação dos valores, a percepção dos motivadorcs pessoais de dor e prazer e a ressignificação das nossas decisões vão formar o alicerce para o início da sua mudança de hábito até alcançar o estágio de habituar suas mudanças. Com a base preparada, vamos iniciar a escalada rumo ao topo da montanha. Em direção a mudança de hábito. Rumo à eficiência, proatividade e, por que não dizer, felicidade.

**Escalar colinas difíceis requer
um ritmo lento no início.**

William Shakespeare

A partir desse momento, o livro passa a trabalhar ferramentas de Coaching, com estratégias de Programação Neurolinguística avançadas, desenvolvidas por especialistas do mundo inteiro.

A primeira ferramenta a ser aplicada é a Tríade do Tempo. O conceito foi desenvolvido por Christian Barbosa, autor do livro de mesmo nome. É uma metodologia de diagnóstico da gestão do tempo. A base do conceito refere-se à classificação das atividades normais das pessoas em três categorias distintas: importantes, urgentes e circunstanciais.

Ela permite identificar quanto tempo é dedicado para atividades realmente importantes e quanto é desperdiçado com atividades urgentes e circunstanciais. Para desenvolver o conceito, Christian Barbosa realizou uma pesquisa com mais de 42 mil pessoas em todo o mundo.

As informações da Tríade do Tempo servirão para a próxima ferramenta: o Diário de Bordo da Procrastinação. No diário são identificadas as atividades que você realiza e quais são realmente importantes e quais não são. A ferramenta permite perceber o que você procrastina, por que procrastina e identificar as consequências dessa procrastinação. Será possível ver claramente as perdas e danos gerados pela procrastinação. Identificar a dor que a procrastinação causa. Com o mesmo diário é possível replanejar suas ações, agora voltado para o prazer que você pode obter eliminando a procrastinação dos seus hábitos.

O passo seguinte é uma viagem ao passado por meio da Linha do Tempo, uma estratégia de Programação Neurolinguística. Nessa viagem, você encontrará situações em que acabou procrastinando e as consequências das suas ações.

Já compreendemos seus motivadores e as emoções que atuam sobre você. Identificamos quanto tempo você dedica para coisas importantes e quais coisas importantes você evita, procrastina ou não realiza. Agora é o momento de partir para a solução. Você vai desenvolver recursos para não procrastinar, para superar a preguiça, desconsiderar a dor e se sentir disposto e com prazer para realizar suas atividades, para colocar em prática seus projetos e cumprir suas obrigações de forma antecipada e eficiente. O passo seguinte será aplicar os recursos desenvolvidos. O livro trabalhará com você técnicas de Programação Neurolinguística que permitirão utilizar os recursos já desenvolvidos, criar experiência e estar preparado para a efetivação real dos seus novos hábitos.

A conclusão da nossa jornada mostrará que falhas, dificuldades e obstáculos surgirão, mas que você tem forças para seguir em frente. Mostrará que você não está sozinho na sua caminhada e que pode buscar ajuda. Que existem profissionais e ferramentas à sua disposição para te ajudar a conquistar seu objetivo.

No final, um bônus especial, com uma técnica superpoderosa para ressignificar a culpa por erros do passado e superar mágoas ou até mesmo traumas pessoais relacionados a autoestima e confiança pessoal.

Capítulo II

Começando a Jornada

Procrastinar é deixar tarefas ou decisões para depois. Mas a procrastinação em si não se refere a adiar qualquer coisa, mas aquelas coisas realmente importantes, as atividades que exigem comprometimento. É protelar os deveres, as decisões complexas e as atividades que não geram prazer imediato.

O contrário do procrastinador é o realizador. A pessoa que realiza suas atividades, sejam prazerosas ou não, no tempo adequado, sem protelar nenhuma atividade injustificadamente. Os realizadores são pessoas produtivas e que aos olhos de muitos são 'abençoados pela sorte'. A verdade é que sorte não tem nada a ver com a situação.

Em qual grupo você se encaixa? Você é produtivo? Realiza suas tarefas, suas obrigações, seus trabalhos com eficiência, dentro dos prazos, sem estresse e com boa qualidade? Ou você é um procrastinador? Talvez até seja um procrastinador profissional, muito bom na arte de deixar para depois suas obrigações.

Estudo realizado pela Mindminers, em 2018, apontou a procrastinação como o fator que mais atrapalha a produtividade no trabalho. A procrastinação foi citada por 52% dos entrevistados.

Quando questionados sobre o que poderia colaborar para aumentar a sua produtividade, 51% das pessoas responderam 'saber como priorizar suas tarefas' e 47% responderam 'entender como evitar distrações'.

As duas respostas estão ligadas à procrastinação. Quando não priorizamos o que é realmente importante, procrastinamos essa atividade. Quando somos afetados por distrações, também estamos procrastinando, fugindo das ações mais importantes.

A melhor tática para diminuir o trabalho ou acabar com uma obrigação é fazer agora.

Marcio Flizikowski

No outro extremo, a opção 'trabalhar mais' obteve apenas 6% de respostas dos entrevistados ao serem questionados sobre como poderiam aumentar sua produtividade. Em outras palavras, segundo a pesquisa, ser produtivo não é uma questão de trabalhar mais, mas de não procrastinar, priorizando o que é realmente importante e evitando distrações.

Procrastinar, priorizar, distrações e mais trabalho estão ligados de forma direta e influenciam no resultado. Procrastinar uma tarefa importante, não priorizar a realização ou se distrair, aumenta o número de tarefas e diminui o prazo para sua efetivação.

Estudos na área da psicologia já demonstraram que o acúmulo de desafios, problemas e obrigações afetam diretamente o desempenho, diminuindo sua efetividade, podendo levar à depressão e ansiedade. Em contrapartida, concluir uma tarefa, finalizar uma obrigação, entregar um trabalho geram uma sensação boa, de bem-estar, ativam componentes químicos do nosso corpo provocando um estado emocional positivo.

Se realizar as obrigações gera conforto, felicidade e outras sensações positivas e procrastinar leva ao desconforto, a sensações negativas e até a possíveis quadros de ansiedade e depressão, por que procrastinar é tão comum? Uma corrente de pesquisadores aponta que as causas psicológicas da procrastinação geralmente estão ligadas à ansiedade, pouca estima própria e até mesmo uma mentalidade sabotadora. Concordo parcialmente com essa visão. De certa forma, essas causas são também consequências da procrastinação. Identificá-las não ajuda a mudar o hábito. Como vimos, procrastinar é provocado por esses males, mas também é causador deles.

Procrastinar provoca ansiedade, pouco autoestima e atitudes sabotadoras. A ansiedade, baixa autoestima e atitudes sabotadoras levam o indivíduo a procrastinar suas ações. Os dois lados se retroalimentam e crescem continuamente. A solução para quebrar esse círculo vicioso é atuar por fora desse circuito.

A realização de uma tarefa, a conclusão de um trabalho, leva a sensação de bem-estar. Mesmo assim, optamos por escolher o caminho errado e procrastinar a conclusão das tarefas. Por que fazemos isso? A resposta está ligada diretamente à Teoria da Primeira Opção Identificada.

Caroline Webb, autora de 'Como ter um bom dia: pensar grande, sentir-se melhor e transformar sua vida profissional', explica que nossos cérebros processam com mais facilidade coisas concretas em relação às abstratas. O incômodo imediato de fazer uma tarefa é mais tangível que os benefícios irreconhecíveis e incertos que podem vir no futuro. Fica evidente que o ato de procrastinar está ligado às consequências mais próximas e imediatas.

A primeira opção que identificamos quando procrastinamos uma tarefa é não precisar fazer algo que nos causa dor. Quando nos distraímos ou optamos por fazer outra coisa, identificamos a felicidade imediata dessas ações e não percebemos como elas são infrutíferas no médio e longo prazo e, de certa forma, nos afastam dos nossos objetivos.

A Teoria da Primeira Opção Identificada está relacionada diretamente ao conceito de inconsistência no tempo. A inconsistência temporal é a tendência humana em valorizar as recompensas imediatas em detrimento das recompensas futuras. Mais importância para o agora e menos importância para o futuro.

Esse é o principal causador da procrastinação que acaba levando a situação de Akrasia. O termo foi criado por Aristóteles para explicar o fenômeno das pessoas agirem de forma contrária ao seu melhor julgamento. Akrasia é quando você faz algo, mesmo sabendo que deveria fazer outra coisa. Quando você opta por realizar tarefas irrelevantes e procrastina suas tarefas importantes e obrigatórias.

**Muito do estresse que as pessoas sentem
não vem de terem muitas coisas para fazer.
Vem de não terminarem o que começaram.**

David Allen

A Akrasia é facilmente exemplificada pelo começo do dia de trabalho de um procrastinador. Ao chegar ao seu ambiente profissional, antes de iniciar suas obrigações, ele consulta seu correio eletrônico, dá uma olhada nas mídias sociais, manda algumas mensagens pelo telefone e, quando percebe, já perdeu boa parte do seu dia com atividades inúteis. Só percebe isso quando já é tarde. Muitas vezes nem percebe a situação. Enquanto se dedicava a ações sem importância, evitava coisas que, apesar de importantes, não eram agradáveis, não traziam satisfação, não davam prazer imediato.

Quais motivos levam alguém a adiar uma tarefa importante, procrastinar algo? Os motivos estão ligados à dor. A tarefa é chata, desgastante, muito grande, medo de fracassar. Em conjunto, existe outro motivador, ligado ao prazer. Outras tarefas mais prazerosas, coisas mais empolgantes, que não cansam, mais rápidas e que dão satisfação instantânea. A dor é motivador para não fazer algo e o prazer te leva a fazer outra coisa.

Esses motivadores, seja dor ou prazer, são imediatos, presentes. São ligados às primeiras opções identificadas. Quando você deixa de fazer seu trabalho, minimiza o fato de que isso vai lhe causar dor no futuro, quando terá que realizar o trabalho em menor tempo. A criança que não arruma sua cama não pensa que depois terá que interromper sua brincadeira para realizar sua obrigação. Não resolvemos o problema porque não é o melhor momento e esperamos que no futuro exista uma melhor situação para a solução da questão.

Cria-se uma ilusão de que o problema irá se resolver. Talvez alguém faça o relatório ou ele não seja mais necessário amanhã. A mãe ou pai vão arrumar a cama para a criança ou não vão lembrar de cobrar dela. Para a criança não tem problema dormir na cama desarrumada. Acreditamos que, no momento certo, as respostas para o problema surgirão naturalmente.

Quando procrastinamos, temos a esperança absurda, até mesmo insana, que ocorra uma mudança, por um passe de mágica. Esperamos que aquela obrigação que nos causa dor deixe de existir ou se transforme em algo prazeroso. Parece louco falar isso, mas é verdade. Sabemos que agimos assim.

A esperança pela solução mágica é concretizada por uma série de ideias e pensamentos que povoam a mente do procrastinador. 'Estou no prazo, posso deixar para amanhã', 'vou começar em outro momento, em que esteja mais motivado', 'vou dar uma olhada nas mídias sociais para relaxar, depois eu começo', 'é muito complicado, vou ter que dar uma estudada', 'hoje não é um bom dia, amanhã eu começo', 'vou esperar mais informações', 'não mereço me sacrificar tanto', 'esse prazo é inviável', 'sou interrompido o tempo todo' etc. Com certeza você já usou alguma dessas frases como desculpa para procrastinar ou talvez tenha criado outras desculpas.

O começo da jornada para superar a procrastinação é conseguir identificar as nossas desculpas, as historinhas que contamos para justificar a nossa posição e nos convencermos de que estamos tomando a decisão correta. Entender que essas justificativas são meras desculpas, compreender que essas historinhas não têm sustentação é fundamental para seguir em frente.

Entender a situação vai permitir mudar sua percepção sobre os acontecimentos e compreender que procrastinar, adiar uma tarefa, deixar para depois uma obrigação apenas aumentará sua dor e diminuirá seu prazer.

A partir disso é possível avançar para o próximo passo do processo da mudança de hábito em busca da maior produtividade e eficiência: a ressignificação. Ressignificar a percepção sobre a realidade, sobre as obrigações, sobre suas tarefas passará por superar também uma barreira genética que remonta ao princípio da humanidade.

Estudo realizado pela Universidade do Colorado apresentou indícios de influência da forma de vida dos primeiros ancestrais humanos no processo de procrastinação. Os primeiros hominídeos não faziam planos futuros e sua preocupação era apenas imediata, sobreviver naquele momento.

Parece absurdo, mas esse comportamento ainda influencia a atitude das pessoas nos dias de hoje. As pessoas acabam se concentrando em coisas urgentes e circunstanciais motivados pela visão imediatista, sem perspectiva de planejamento futuro. Essa influência comportamental resulta na dificuldade das pessoas em elencar o que é realmente importante e prioritário.

CAPÍTULO III

O que é importante?

Para mim existe uma série de coisas importantes em minha vida que me motivam a seguir em frente, realizar determinadas tarefas e adotar certos posicionamentos. No momento em que escrevo esse livro, meus motivadores são família, legado, desenvolvimento pessoal, reconhecimento/fama, prazer e carreira.

Valores são os motivadores que determinam a forma como as pessoas se comportam e interagem com os outros e com o ambiente. Os valores normalmente são questões morais que afetam sua conduta, podendo ser classificados como valores sociais ou éticos. Os valores formam o conjunto de regras que norteiam as decisões e atitudes das pessoas em busca da realização dos seus propósitos. A conquista de nossos objetivos, a realização dos nossos sonhos e a definição do nosso propósito são norteados pela definição e hierarquização desses valores.

Esses motivadores me impulsionam a escrever esse livro, ele será parte do meu legado. Acredito que será motivo de orgulho para minhas filhas e o restante da família - talvez até ajude no nosso sustento (vai que eu me torno um campeão de vendas). O livro também me proporciona desenvolvimento pessoal pois me obriga a estudar, aprender coisas novas, enxergar situações sob perspectivas diferentes.

Acredito que o livro trará o reconhecimento que eu almejo e proporcionará um crescimento na minha carreira profissional. Todos esses motivadores me causam prazer. Com essa sensação, escrevo sem deixar que distrações me interrompam ou que outros fatores atrapalhem a realização da tarefa.

**O maior ladrão de todos é a procrastinação.
Ela rouba nosso tempo e nunca
recuperamos o que foi levado.**

Marcio Flizikowski

Motivado por esses valores não procrastino o trabalho relacionado à produção do livro. Pelo contrário, tenho que controlar meu desejo de produzir o texto, estudar mais sobre o assunto, rever o que já escrevi para não prejudicar outras atividades importantes e relevantes para mim.

Essa motivação é decorrente do fato que escrever o livro está ligado aos meus valores, está ligado às coisas mais importantes para mim nesse momento. Pode ser que alguns desses valores mudem com o tempo e deixem de ser importantes, pode ser que surjam outras coisas importantes. Certamente alguns valores perderam importância e outros se tornaram mais relevantes na minha vida. Essa mudança faz parte da jornada de transformação e evolução pessoal e torna necessário que a gente sempre realize um questionamento sobre o que é importante para nós, quais são nossos valores, quais são nossos motivadores no momento.

Enquanto eu contava para você quais são meus valores, talvez você tenha se perguntado sobre algumas coisas. Possivelmente você questionou se reconhecimento e fama eram importantes para você. Acredito que muitos leitores consideram a segurança e a estabilidade como valores importantes, mas acharam estranho eu não colocar esses valores entre as coisas importantes para mim nesse momento.

Quando falei sobre mim, sobre as minhas coisas, sobre meus valores o objetivo era exatamente fazer com que você pensasse sobre o assunto. Você sabe o que é importante na sua vida neste momento? Tem noção dos seus objetivos? Já se perguntou o que é relevante na sua vida? Quais valores te motivam a buscar seus objetivos? Sempre que faço essa pergunta para alguém, seja um cliente ou amigo, crio uma confusão mental na pessoa. Uma reação de surpresa e defesa.

'Claro que sei o que é importante para mim' ou 'isso não te interessa' ou 'ele está lendo minha mente' são reações comuns. É uma questão inusitada e ameaçadora, ninguém gosta de ser confrontado dessa forma, diretamente, por perguntas poderosas, por perguntas que exigem um questionamento interno. A primeira reação é sempre de defesa ou confusão.

Por isso, não faço essa pergunta. Pelo menos não dessa forma, tão direta e incisiva. Conto uma história para as pessoas sobre as coisas importantes da minha vida, sobre meus motivadores e como eles me impulsionam a alcançar meus objetivos. A história serve para ativar na outra pessoa seus próprios questionamentos, identificar com quais valores ela concorda, quais ela discorda, quais acredita que são importantes, mas que não coloquei na minha lista.

A história e as informações a meu respeito, sobre meus motivadores para escrever o livro, tinham como objetivo te levar a se perguntar sobre você mesmo. Se você não fez isso, pode fazer agora. Você concorda com meus valores? Discorda? O que é importante para você? Quais seus motivadores? Nesse momento, questionar seus valores tem um impacto menor, a pergunta é aceita com maior facilidade.

Agora que você já assimilou a pergunta, está na hora de identificar o que é realmente importante na sua vida, quais são os seus valores e como eles podem te ajudar a mudar o hábito de procrastinar.

Alguns autores e profissionais defendem que os valores não podem ser mudados. Eles afirmam que se você possui realmente um valor, ele estará com você por toda vida. Segundo esse posicionamento, o máximo que conseguimos é alterar a hierarquia dos valores, maximizando alguns e minimizando outros em determinado momento.

O argumento da perenidade dos valores é defendido por muitos, inclusive profissionais que se apresentam como agentes de mudanças pessoais. Psicoterapeutas, coaches, mentores e muitos outros. Eles se apresentam como profissionais que ajudam as pessoas a se transformarem, porém alegam que os valores dessas pessoas são imutáveis, são estanques.

**Enquanto protelamos,
a vida passa por nós a correr.**

Séneca

Para mim existe uma incoerência nessa argumentação, pois os valores estão ligados diretamente a essência da pessoa e, se não é possível alterar esses valores, não é possível provocar uma alteração essencial no indivíduo. Dentro da impossibilidade de se modificar a essência, qualquer mudança é simplesmente uma alteração de aparência, sem consistência.

Não vou me alongar na discussão sobre a possibilidade ou não de alterar os valores das pessoas e vou me refugiar em uma alternativa que equilibra as duas posições: a capacidade de hierarquizar os valores. A possibilidade de modificar a importância de um valor em relação aos outros. É possível que neste momento seu principal norteador seja um valor e que no futuro seu motivador principal seja outro. Dessa forma é possível 'modificar' os valores ou alterar sua hierarquia conforme a situação, conforme o momento.

Diversas áreas ligadas ao desenvolvimento pessoal e busca da excelência humana possuem ferramentas, técnicas e métodos para identificação dos valores. Uma dessas ferramentas é a 'Identificando seus Valores'. Sua aplicação é bem simples. Em uma lista de valores comuns, deve-se selecionar os dez valores principais da sua vida no momento. Podem existir alguns valores relevantes para você que não estão na lista. Basta você incluir esses novos valores. A lista é apenas sugestiva, você sabe quais são os seus valores e como denominá-los.

A nomenclatura dos valores é algo relevante que merece um destaque especial. A denominação dos valores e seu significado varia para cada indivíduo. O valor segurança pode significar uma situação relacionada a questões de violência e criminalidade para alguém, enquanto para outra pessoa, o valor segurança está relacionado a estabilidade no emprego, ter um plano de saúde e um seguro de vida. O significado atribuído ao nome de um valor é específico de cada indivíduo e uma definição personalizada. Cada pessoa define o significado de um valor de forma diferente.

Se você estiver passando por um processo de desenvolvimento pessoal com apoio de alguém, um facilitador, pode ser um coach, um programador neurolinguístico, um mentor, esse é um momento em que você pode avaliar a qualidade do profissional. Se o profissional estiver tentando te convencer ou impor significado para algum valor, tenha em mente que apenas você é capaz de compreender a realidade e o significado daquele valor para você. A compreensão do significado daquele valor é individual e própria de cada um. O máximo que o seu facilitador pode fazer é traçar um mapa baseado nas informações que você passou para ele. Não cabe ao facilitador te dizer o que significa aquele valor, muito menos julgá-lo sobre sua definição.

Fiz esse parêntesis porque muitos profissionais, infelizmente, tentam impor aos seus clientes, à sua realidade, seus valores, sua compreensão do mundo. Um terapeuta, um coach, um mentor, um orientador que possui, por exemplo, o valor família como algo relevante pode tentar impor ao seu cliente essa visão de mundo. Pior, vai tentar impor o seu conceito de família, o seu entendimento, que é diferente do entendimento e conceito do cliente.

Em qualquer processo de transformação pessoal é preciso compreender que cada pessoa é única e possui uma realidade e uma percepção de mundo próprio. A compreensão dessa indivi-dualidade, dessa manifestação única de cada pessoa nos leva a não julgar o outro, a aceitar suas posições, ideias e seus valores – eles são parte do mundo do cliente, não do mundo do facilita-dor. Compreender e respeita a individualidade de cada pessoa é essencial no processo de mudança.

**Toda reforma interior e
toda mudança para melhorar
dependem exclusivamente
da aplicação do nosso esforço.**

Immanuel Kant

Da mesma forma, ao elencar seus valores, você deve se nortear única e exclusivamente pela sua cabeça, pela sua mente. Não deve se preocupar com julgamentos alheios e muito menos em agradar aos outros. Os valores são seus e você é quem melhor conhece sua essên-cia e realidade. Permita-se ser sincero com você e identifique seus valores mais relevantes.

Após esses pequenos esclarecimentos, você pode elencar seus valores. Identifique seus dez valores principais na lista a seguir. Lem-brando que, se algum valor não estiver na lista, basta inclui-lo. Se você não conseguir identificar dez valores, não tem problema, fique com aqueles que você conseguiu identificar.

Estabilidade	Organização	Crescimento contínuo
Desafio	Segurança	Sucesso
Integridade	Amizade	Ética
Aceitação social	Compaixão	Amor
Humanidade	Fama	Liderança
Rotina	Criatividade	Previsibilidade
Comprometimento	Individualidade	Mudança
Lealdade	Responsabilidade	Reputação
Excelência	Flexibilidade	Planejamento
Competitividade	Espiritualidade	Gratidão
Bem-estar	Família	Honestidade
Empatia	Liberdade	Competência
Humildade	Contribuição	Inteligência
Respeito	Poder	Status
Justiça	Conhecimento	Inovação

Ordene seus valores, do mais importante até o menos importante - lembrando que todos são importantes. A melhor forma que eu conheço para fazer essa hierarquização é confrontando cada valor sempre que houver alguma dúvida. Realize um confronto hipotético entre os valores em dúvida.

Por exemplo, entre os valores honestidade ou família, crie uma situação simples de confronto. Imagine que seu filho está doente, precisando de um tratamento caríssimo, e você recebe uma proposta para fazer um serviço ilegal que vai te garantir dinheiro suficiente para o tratamento do seu filho. Você tem que escolher entre sua família e a honestidade.

Lembre-se, a decisão sempre será sua e não deve ser baseada nos julgamentos da sociedade. Não importa se algumas pessoas vão achar um absurdo você deixar seu filho sofrer apenas para manter sua integridade e caráter; não importa se outras pessoas vão te julgar como mal caráter, vendido ou mercenário por que você deixou de lado sua honestidade pensando no bem estar do seu filho. A decisão é sua e deve ser a mais pura e verdadeira possível.

Quando você conseguir definir seus principais valores e hierarquizá-los, você saberá como utilizá-los como ferramentas para motivar suas mudanças. Estará pronto para utilizar seus valores na sua transformação e, principalmente, deixar de procrastinar a realização das coisas realmente importantes em sua vida.

CAPÍTULO IV

Buscando prazer, fugindo da dor

Qualquer mudança exige motivação. Quanto mais drástica, quanto maior a transformação, maior a motivação necessária. Mudar significar sair da zona de conforto, explorar o novo, se arriscar.

A nossa zona de conforto se caracteriza por uma série de atitudes e hábitos que praticamos continuamente, sem sequer perceber. A procrastinação é uma atitude, um hábito que povoa a nossa zona de conforto. Procrastinamos diversas coisas por que essa é uma atitude que nos mantém dentro da nossa zona de conforto.

Parece estranho dizer que procrastinar – que é algo ruim – está relacionado com manter-se na nossa zona de conforto. Por medo da mudança, as pessoas se apegam aos estados atuais, as formas como as coisas são realizadas, por pior que elas sejam.

A situação é decorrente da crença de que a mudança pode piorar a situação. A situação pode ser ruim, mas já estamos adaptados a ela, se mudarmos, a situação pode piorar e não sermos capazes de nos adaptar as novas circunstâncias. Medo do novo.

Nesse aspecto, a procrastinação é motivada pela dor maior da mudança. Não queremos sentir dor, então nos afastamos de qualquer possibilidade que possa nos levar a dor. Um trabalho profissional que devemos realizar é protelado por medo de desaprovação da chefia. Um pedido de desculpas para um amigo é procrastinado, deixado para depois, por medo que as desculpas não sejam aceitas.

Até mesmo, naquela festinha, lá na nossa adolescência, não criamos coragem para tirar a menina que gostamos para dançar por medo da recusa. Adiamos de tal forma a ação, que a festa acaba, vamos para casa sem ter recebido um não e com a ilusão de que ela ainda pode gostar da gente.

**Quem mais demora a fazer uma promessa
é quem a cumpre mais rigorosamente.**

Jean Jacques Rousseau

Nos apegamos ao estado atual, não fazer o trabalho, não pedir desculpas, não tirar a menina para dançar, aprisionados pelo conforto que o estado atual proporciona mesmo sabendo que ele é inadequado, gerando ansiedade, preocupação, desgaste. Mesmo assim, tendemos a sustentar a situação, a procrastinar o que devemos fazer, enquanto sentirmos que a dor potencial vinculada a nossa ação está presente. A dor é um grande motivador. Queremos fugir dela, queremos distância da dor e a procrastinação é a principal consequência dessa ação de fuga.

Ao abordar essa questão lembro de uma história da minha infância. Um amigo se apaixonou por uma menina da vizinhança. Não era uma paixão como as outras. Na adolescência, nos apaixonamos umas três ou quatros vezes... por semana. Nesse caso, ele estava realmente apaixonado. Já estava há meses interessado na menina, mas não ia conversar com ela, não agia.

Até que surgiu a oportunidade. No final do mês teria uma festa na casa de um dos meninos. Era a famosa 'festinha americana', que meninos levavam bebidas e meninas levavam comidas. O menino planejou tudo. Aproveitaria a festa para tirar a menina para dançar e quando a música estivesse acabando, aproveitaria para roubar um bcijo. Ele sonhava com o momento e já vislumbrava o futuro. Depois do beijo, eles iriam namorar, se casariam, teriam muitos filhos e viveriam felizes para sempre.

O grande dia chegou. Ele foi para a festa todo empolgado. Entrou na casa do amigo e começou a conversar com outros meninos, se sentindo confortável, seguro. A menina chegou logo depois. Ele a viu e sentiu um frio no estômago. Era a sua grande chance, agora, só precisava esperar o momento certo.

Ele continuou conversando com seus amigos, esperando o momento certo. As vezes olhava para a menina, percebia que ela olhava para ele também. Ela passou perto algumas vezes, mas o menino não conseguia achar o momento certo.

Conforme o tempo passava, ele começou a pensar que, de repente, ela poderia recusar seu pedido para dançar. A rejeição seria dolorosa. Seus amigos iriam zoar com a sua cara, tirar sarro dele. Seria uma muito humilhante porque eles lembrariam do fato por vários dias, talvez semanas ou mais. O medo começou a invadir seus pensamentos.

Todo o prazer de dançar com a menina dos seus sonhos era substituído pelo medo da rejeição e suas consequências. O menino começou a alimentar seu medo e a dor agia diretamente na sua inércia, ele manteve-se na sua zona de conforto, esperando o momento certo.

As horas se passaram, meia noite chegou e, naquela época, as meninas eram como a Cinderela e tinham que ir para casa antes da meia noite. A menina foi embora, a festa acabou e ele não realizou seu sonho, deixou a oportunidade passar, mas pelo menos não sofreu a humilhação da rejeição. Alimentava a esperança de que teria outras oportunidades no futuro.

Algumas semanas depois, o pai da menina mudou de emprego, a família mudou-se para outra cidade. Muitos anos depois, encontrei meu amigo, coincidentemente, algumas semanas depois dele ter re-encontrado a menina, a sua grande paixão de adolescência.

Conversamos bastante. Ele contou sobre o reencontro. Ela tinha se tornado uma mulher linda, estava casada, tinha um casal de filhos e estava muito feliz. Meu amigo disse que eles conversaram bastante sobre a infância e lembraram daquela festa. A menina contou que ficou esperando a noite inteira para que ele a tirasse para dançar, que ficava olhando para ele o tempo todo, que passou perto dele muitas vezes e que não sabia mais o que fazer.

**Além de roubar seu tempo,
procrastinar enterra suas oportunidades.**

Marcio Flizikowski

A pergunta fundamental a realizar nessa situação refere-se à eficiência da procrastinação. Meu amigo ficou esperando o momento certo e perdeu sua oportunidade. Indiretamente ele teve sua rejeição. Não foi a menina que disse não para ele, mas o tempo, a sua inércia, a procrastinação motivada pela dor. Ele não dançou com a sua paixão de adolescência.

E você, está esperando o momento certo para realizar o que é realmente importante? Se não fizer seu trabalho hoje, isso impedirá que seu superior rejeite o trabalho caso o serviço esteja mal feito? Adiar o pedido de desculpas ao amigo, vai reatar a amizade? Deixar para outro dia, vai mudar a percepção da situação e vai ajudar a reestabelecer a amizade? Não tirar a menina para dançar por que você acredita que ela vai recusar, vai impedir realmente uma frustração? A perguntas não são aleatórias. Nenhuma delas possui a mesma resposta. As mesmas perguntas, em condições diferentes, podem ter respostas diferentes.

No caso do trabalho a ser realizado, o fator determinante para sua aprovação pela chefia é a sua qualidade, mas existe uma série de outros fatores que podem influenciar na decisão final. Um desses fatores é o humor da pessoa que irá aprovar o projeto. Claro que é inteligente apresentar o projeto apenas no dia em que seu superior está de bom humor. Mas procrastinar a apresentação do projeto não implica em adiar a sua realização.

Você pode fazer o trabalho e deixá-lo pronto para apresentar em um momento adequado. Essa ação possibilitará que você reveja alguns pontos do seu trabalho e corrija alguma falha, melhore alguns pontos. Além de estar com projeto pronto apresentar no momento certo. Tudo isso só é possível porque você não procrastinou a realização do trabalho. Mais que isso, se você não tiver realizado o trabalho naquele dia que seu superior estava de mal humor, no dia seguinte, caso seu superior esteja de bom humor, você terá que se apressar e acelerar para entregar a atividade e aproveitar o momento.

O pedido de desculpas também pode ser procrastinado para um momento mais adequado por influência do humor da outra pessoa. Mas não existe justificativa para você adiar sua ação baseado no seu temor. Você deve considerar que cada dia que passa é um dia a menos de amizade. Pode ser que, durante o período que você leva para criar coragem para pedir desculpas ao seu amigo, você perca o contato com ele. Você perdeu o amigo e guardou a tristeza de não ter pedido desculpas pelo seu erro.

Tirar a menina para dançar pode ser adiado ou até mesmo nunca realizado. Você estará se assegurando de não ter uma recusa, não ter uma frustração imediata. Não sofrerá de imediato e viverá uma eterna ilusão, que na verdade será uma frustração constante por não ter agido. Talvez, lá no futuro, você reencontre a menina e todos aqueles sentimentos da adolescência voltem e você descubra que a menina queria muito dançar com você.

Você adiou, procrastinou, não agiu no tempo certo e isso comprometeu sua vida. Você poderia ter realizado mais e melhores trabalhos, poderia ter mais relacionamentos e amizades, poderia ter encontrado o amor da sua vida, poderia ter construído uma carreira de sucesso.

Acredito que está claro que a sua ação inicial de protelar, com medo da dor, fugindo da frustração, tem grande potencial para causar uma dor ainda maior, uma frustração maior, no médio e longo prazo.

Ao entender a dor como um motivador, como um incentivador para nossas ações é importante ter claro que mais importante que a proximidade da dor é sua intensidade e durabilidade. Não importa realmente se a dor potencial está próxima, perto de acontecer, é importante compreender qual a intensidade e duração que essa dor vai nos causar.

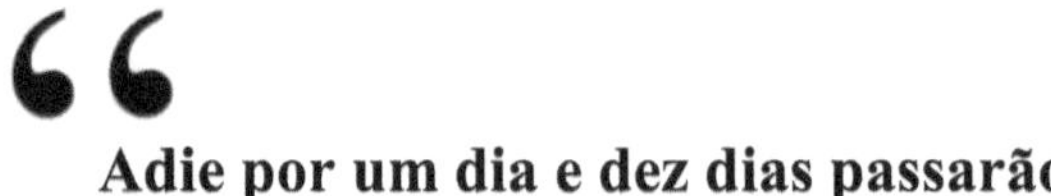

Adie por um dia e dez dias passarão.

Provérbio chinês

No caso do projeto a ser entregue. Deixar para fazer o trabalho no dia seguinte não vai impedir que ele seja recusado. Procrastinar sua realização e entrega vai diminuir o número de dias para corrigir qualquer problema e aumentar a ansiedade para a entrega do trabalho. É importante compreender que cada dia de não realização do trabalho, cada dia que procrastinamos algo, é um dia a mais sentindo ansiedade, preocupação e medo.

É necessário agir, mudar de atitude. Fazer hoje o que poderia ser feito em outro dia. Antecipar suas realizações. Anti-procrastinar.

Tudo que é necessário para alcançar isso é mudar, desapegar do que já se tem e partir para a ação e vislumbrar mais adiante.

A mudança implica em vislumbrar todos os prazeres possíveis com a ação. Tudo que pode acontecer de bom se a gente realizar o trabalho hoje, se pedir desculpas de imediato, se criarmos coragem e convidar nossa paixão para dançar.

Parar de procrastinar passa pelo processo de vincular dor a situação de procrastinação, ao estado atual, ao presente momento e atrelar prazer ao agir, ao realizar, aos possíveis resultados futuros. Compreender que, ao deixar algo desagradável para depois, o problema continuará lá no dia seguinte e tudo que se conseguiu foi uma noite de insônia, um prazo menor para a realização da tarefa e um aumento da ansiedade provocado pelo medo de rejeição.

Para compreender exatamente se uma ação, seja realizar algo ou procrastinar algo, vai gerar mais dor ou prazer é necessário fazer uma pergunta relacionado a sua satisfação com relação a sua escolha: como eu me sinto e como eu me sentirei se...

Quando você tiver uma tarefa, uma ação, um trabalho para realizar e sentir o impulso de deixar a obrigação para outro dia, pergunte-se como você vai se sentir agora, ao procrastinar essa tarefa; em seguida, como você se sentirá, em relação a não ter feito a tarefa de imediato; e como você se sentirá enquanto continuar procrastinando a realização de determinada tarefa.

Por exemplo, o pedido de desculpas para o amigo. Se você não pedir desculpas hoje, como você se sentirá? Aliviado, pois não foi rejeitado pelo amigo e angustiado porque não voltaram a ser amigos. Em outras palavras, você está sendo rejeitado pelo amigo, só que indiretamente. No dia seguinte essa sensação permanecerá, aumentada pelo sentimento de culpa de não ter feito nada no dia anterior. Se você procrastinar para sempre, a dor se tornará crônica e irá assombrá-lo por toda a vida.

Percebe como é fácil criar um motivador para conseguir agir? Para evitar a procrastinação. Imagine situações em que você procrastinou algo. Como seria se você tivesse agido antes, não tivesse adiado sua ação, sua decisão. Possivelmente teria sido muito melhor.

Ao perceber a vantagem de não procrastinar as coisas, o próximo passo é assumir o comando. Em todas as situações estamos posicionados em um dos seguintes polos: causa ou efeito.

Quando você está no extremo da causa, não cria desculpas, não inventa história. Você age, assume a responsabilidade e questiona o que pode ser feito, como deve ser feito e quando deve ser feito. Você muda a situação para criar o ambiente favorável. Você está no comando.

Quando está no polo do efeito, você sempre tem uma desculpa ou história para justificar suas ações, alguém para responsabilizar pelo acontecido, alguém para culpar pelo seu infortúnio. Provavelmente você assume um papel de vítima ou, na melhor das hipóteses, de observador.

O preguiçoso é um relógio sem corda.

Balmes

A diferença entre as pessoas que resolveram mudar e os acomodados, entre as pessoas eficientes, ativas e realizadoras e os procrastinadores é a posição delas em relação ao mundo. Os primeiros estão no polo da causa, eles realizam e fazem já; os segundos estão no polo da consequência, estão acomodados, levados pelas circunstâncias.

A mudança de atitude em relação ao ato de procrastinar está relacionado a uma mudança de percepção sobre as coisas que devemos realizar. Sair do polo de consequência e ir para o polo da causa.

A maioria das coisas que procrastinamos vem acompanhada de uma noção de dever, de obrigação. Tenho que fazer o relatório até o final do dia por que senão meu chefe irá me demitir; tenho que terminar o trabalho essa semana senão vamos perder aquele cliente; tenho que pedir desculpas para meu amigo senão ele nunca irá me perdoar ou tenho que tirar ela para dançar senão a festa vai acabar.

Obrigação é uma característica presente nas pessoas que se posicionam no polo da consequência. As suas ações são consequências de uma obrigação, não de um desejo, de uma possibilidade.

O segredo para mudar do extremo da consequência para o extremo da causa está na linguística e na arte de utilizá-la para reprogramar nossa percepção sobre as situações. Desenvolver uma nova programação neurológica para a realidade que percebemos.

Posso fazer o relatório imediatamente e assim terei tempo para revisá-lo antes do final do dia, quando devo entregá-lo; posso terminar o trabalho o quanto antes e assim impressionar o cliente pela eficiência; posso pedir desculpas para meu amigo e reestabelecer nossa relação; posso convidá-la para dançar e ter a melhor festa da minha vida.

Observe como são mudanças de percepção simples, que saem do espectro da obrigação e da dor para o espectro da possibilidade, do desejo e do prazer. Pratique essa mudança de percepção com eventos do seu passado. Lembre-se de situações que você procrastinou e imagine uma versão diferente da situação, em que você fez algo em relação a situação e obteve prazer.

Em seguida, é hora de praticar no futuro. Imagine situações e acontecimentos hipotéticos no futuro em que você não se sinta obrigado a fazer algo para evitar a dor que sua não realização provocaria; imagine essa situação no futuro sentindo que você tem a capacidade, a possibilidade de fazer a tarefa, o trabalho de forma rápida e com qualidade, motivado pelo prazer que o resultado trará para você.

> ❝
> **A excelência não é um ato, mas um hábito.**
>
> *Aristóteles*
> ❞

Comece a praticar esse exercício no presente, no seu dia-a-dia, nas suas ações do cotidiano, mudando do polo de consequência – tenho que fazer – para o polo causador - posso fazer, sou capaz de fazer.

A mudança da percepção de 'tenho que fazer' para 'posso fazer' é extremamente eficaz, mas pode ter consequências ruins sem o preparo adequado. Quando você age, você sai da sua zona de conforto e se expõe ao risco. A sua mudança de percepção não altera o resultado potencial da ação. Você muda sua percepção, não a realidade. Para mudar a realidade é necessário agir na realidade, não apenas no campo das ideias.

Uma figura muito comum nas mídias sociais, em publicações de profissionais que atuam no desenvolvimento humano, refere-se a deixar a zona de conforto. Seu sucesso, seus objetivos, sua felicidade estão fora da zona de conforto. A ideia é representada basicamente pela figura a seguir:

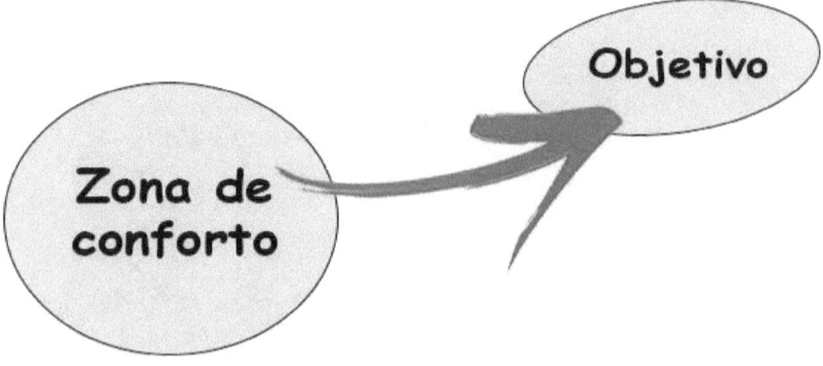

Concordo com a ideia, mas quando veja essa imagem fico imaginando como é distante a localização da minha zona de conforto em relação a zona dos meus objetivos. Alguma coisa está errada, é um salto muito grande, os riscos são enormes. É fácil entender o motivo de muitas pessoas não conseguirem abandonar sua zona de conforto na busca de seus objetivos. O limbo entre as duas é enorme, o risco de fracasso é grande.

Melhor que abandonar a zona de conforto, enfrentando um grande limbo para alcançar a zona dos seus objetivos, é ampliar a sua zona de conforto.

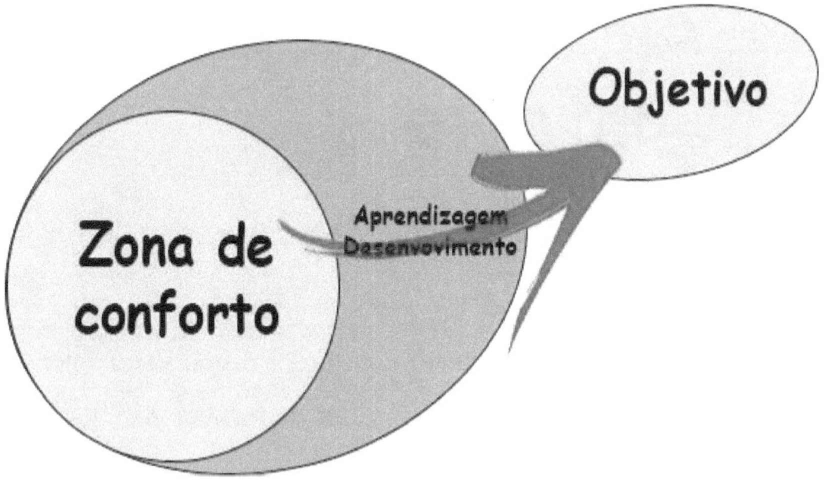

Ampliar a zona de conforto refere-se a aprender, se desenvolver, se sentir confortável em novas áreas, adquirir experiências, criar habilidades, fomentar novas práticas até que o novo se torne comum, que o aprendizado e desenvolvimento se tornem práticas e hábitos. Nesse momento a zona de aprendizado e desenvolvimento se converte em zona de conforto.

Com a ampliação da zona de conforto, a distância do objetivo é menor e os riscos também. Assim, a dor do fracasso não diminui, a dor do insucesso mantém-se, mas a probabilidade de ocorrer é bem menor. As chances de sucesso aumentam.

No caso do meu amigo que perdeu a oportunidade de conquistar sua paixão de infância, faltou ele agir ampliando sua zona de conforto. Essa é uma situação bem comum em relação a procrastinação. Antes da festa, ele já deveria ter agido, deveria ter se aproximado da menina, poderia ter conversado com as amigas para saber se ela estava interessada em alguém, poderia ter conversado com seus amigos para saber se tinha concorrência.

Ao não fazer nada, não realizar essas ações ampliando sua zona de conforto, de certa forma, muito antes da festa, ele já estava preparando a situação para procrastinar.

Os procrastinadores fazem isso também. Quando sabem que devem cuidar da sua saúde, melhorando a alimentação e praticando exercícios, criam uma data específica, por exemplo, vou esperar a consulta com o médico para começar a me alimentar melhor e praticar exercícios. Depois da consulta, inventam uma nova desculpa como esperar para realizar exames.

As coisas que tenho que fazer são difíceis.
As coisas que quero fazer são fáceis.

Marcio Flizikowski

Profissionais que desejam iniciar uma nova carreira após se desligarem de uma empresa, começam a realizar cursos para se especializar na nova área e sempre deixam para iniciar a nova atividade após o curso. Quando terminam o curso, alegam que não estão preparados e precisam fazer mais um curso.

Até mesmo no dia-a-dia, quando protelamos aquele relatório ou atividade alegando que precisamos de mais informações ou da resposta de alguém. Quando temos as informações ou a resposta que era necessária, criamos outra desculpa.

Falsamente agimos acreditando que estamos ampliando nossa zona de conforto, mas na verdade estamos apenas jogando para o futuro a realização da tarefa.

Em todas essas situações, mesmo que não seja possível a realização da tarefa por completo. Iniciar a nova carreira de imediato, tirar a menina para dançar ou entregar o relatório, é possível fazer uma série de ações ligadas ao objetivo como pesquisar o mercado pretendido, realizar um planejamento do novo negócio, conversar com os amigos e amigas sobre a menina e até mesmo conversar com a menina ou preparar outras partes do relatório ou do projeto enquanto aguarda outras informações.

Esse tipo de ação está relacionado a forma como usamos nosso tempo. Mesmo que realmente exista um motivador justificável impedindo a realização do seu objetivo no momento, é possível realizar outras atividades, ações importantes, relacionadas ao cumprimento da sua meta. Se tornar um realizador significa deixar de inventar desculpas para não agir e começar a encontrar possibilidades para agir, mesmo que seja possível realizar apenas parte do proposto naquele momento. Em resumo: se tornar um realizador passa por aprender a aproveitar ao máximo o tempo para o que é importante.

CAPÍTULO V

Como você tem usado seu tempo?

Segundo Christian Barbosa, a procrastinação está relacionada a incapacidade das pessoas em priorizar suas atividades. Os procrastinadores não sabem diferenciar o que é importante e o que não é importante. A partir dessa concepção, Barbosa desenvolveu o conceito da Tríade do Tempo dividindo o nosso tempo em três esferas: importância, circunstância e urgência.

**Existem apenas dois dias
em que nada pode ser feito.
Um se chama ontem e o outro amanhã.
Hoje é o dia certo para fazer.**

Dalai Lama

No livro Tríade de Tempo, ele apresentou um método para identificar a esfera de cada atividade e diagnosticar a qualidade do nosso tempo e o grau de eficiência das pessoas. Para o autor, uma Tríade do Tempo ideal apresenta 70% de atividades importantes; 20% de atividades urgentes e 10% de atividades circunstanciais.

As tarefas importantes são aquelas relacionadas aos seus objetivos e metas de vida. Atividades que trazem resultados e fazem a diferença na sua vida. É relevante destacar que a importância deve ser focada em você e os resultados estão ligadas aos diversos papéis que desempenha em sua vida como indivíduo, como pai ou mãe, marido ou esposa, como profissional, como membro da comunidade, como amigo. Elas estão ligadas diretamente aos seus valores, seus motivadores essenciais. As atividades importantes, em regra, são realizadas por motivação individual, interna, própria da pessoa.

As tarefas urgentes e circunstanciais não estão ligadas aos valores do indivíduo e seus objetivos verdadeiros, elas são realizadas por motivação externa, pela situação, ocasião ou circunstância.

Tarefas urgentes são aquelas que precisam ser feitas imediatamente e que costumam provocar estresse ou trazer consequências negativas se não forem resolvidas. Elas costumam interromper o planejamento e atrasar a realização de atividades importantes. A crença do procrastinador é de que não possui controle sobre o surgimento de tarefas urgentes. Muitas vezes, o próprio procrastinador é o causador da urgência, seja por não antecipar a realização da tarefa, seja pela incapacidade de recusar-se a atender pedidos, seja pelo desejo de agradar aos outros.

As atividades circunstanciais são aquelas tarefas em que somos levados pelo momento, por fatores ambientais, que podem vir de outras pessoas ou serem resultados de hábitos ou até mesmo de sabotadores internos. Atividades circunstancias não estão ligadas aos nosso objetivos, metas e valores. Sua realização é determinada pela circunstância do momento, é motivada pelo conforto e acomodação de realizar tal tarefa.

> **Com organização e tempo,
> acha-se o segredo de fazer tudo e bem feito.**
>
> *Pitágoras*

Por meio da Tríade do Tempo é possível identificar a principal consequência da procrastinação: diminuição da realização de atividades realmente importantes favorecendo a realização de atividades circunstanciais ou urgentes.

A maioria das pessoas possui esferas de urgência e circunstância maiores que a esfera de importância. As pessoas desperdiçam tempo com ações que não promovem seu desenvolvimento, que não geram resultados. Dentro desse processo está a procrastinação. Atividades circunstanciais são grandes sabotadoras de planejamentos, são motivadoras de distrações e perda de foco. Assim como tarefas urgentes são álibis para a procrastinação de tarefas importantes. O procrastinar alega que é impossível eliminar as urgências e circunstâncias da sua vida. Mas é evidente que é possível diminuir a influência das atividades urgentes e circunstanciais e aumentar o espaço para as ações importantes.

Que tal fazer uma avaliação da sua Tríade do Tempo? Responda as sentenças a seguir, indicando os seguintes valores para cada afirmação, conforme a quantidade de vezes que você realiza ou se encontra em determinada situação:

1 – Nunca
2 – Raramente
3 – Às vezes
4 – Quase sempre
5 – Sempre

1	Costumo ir a eventos, festas ou cursos, mesmo sem ter muita vontade, para agradar meu chefe, amigos ou família.	
2	Não consigo realizar tudo que me propus fazer no dia e preciso fazer hora extra e levar trabalho para casa.	
3	Quando recebo um novo e-mail ou mensagem no celular, costumo dar uma olhada para checar o conteúdo.	
4	Costumo visitar, com regularidade, pessoas relevantes em minha vida, como amigos, parentes e filhos.	
5	É comum aparecerem problemas inesperados no meu dia a dia.	
6	Assumo compromissos com outras pessoas ou aceito novas posições na empresa, mesmo que não goste muito da nova atividade, se for para aumentar minha renda ou obter uma promoção.	

7	Tenho um tempo definido para dedicar a mim mesmo, e nele posso fazer o que quiser.
8	Costumo deixar para fazer relatórios, imposto de renda, compras de Natal, estudar para provas e outras tarefas perto do prazo de entrega.
9	Nos dias de descanso, costumo passar boa parte do dia assistindo à televisão, jogando ou acessando a internet.
10	Faço um planejamento por escrito de tudo que preciso fazer durante minha semana.
11	Posso afirmar que estou conseguindo realizar tudo que gostaria em minha vida e que o tempo está passando na realidade correta.
12	Costumo participar de reuniões sem saber direito o conteúdo, o porquê devo participar ou a que resultado aquele encontro pode levar.
13	Consigo melhores resultados e me sinto mais produtivo quando estou sob pressão ou com o prazo curto.
14	Quando quero alguma coisa, defino esse objetivo por escrito, estabeleço prazos em minha agenda, monitoro os resultados obtidos e os comparo com os esperados.
15	Leio muitos e-mails ou mensagens de mídias sociais desnecessários, com piadas, correntes, propagandas, apresentações, produtos etc.
16	Estive atrasado com minhas tarefas ou reuniões nas últimas semanas.
17	Faço esporte com regularidade, me alimento da forma adequada e tenho o lazer que gostaria.
18	É comum reduzir meu horário de almoço ou até mesmo comer enquanto trabalho para concluir um projeto ou tarefa.

Transcreva suas respostas para os quadros a seguir:

URGÊNCIA	
QUESTÃO	**RESPOSTA**
1	
3	
6	
9	
12	
15	
Total	

IMPORTÂNCIA	
QUESTÃO	**RESPOSTA**
4	
7	
10	
11	
14	
17	
Total	

CIRCUNSTÂNCIA	
QUESTÃO	**RESPOSTA**
2	
5	
8	
13	
16	
18	
Total	

Transcreva os resultados totais de cada esfera da vida para o quadro abaixo. Em seguida some os resultados das esferas para obter o total da sua esfera da vida e, em seguida, obtenha o percentual de cada esfera dividindo o valor de cada uma pelo total da esfera da vida e multiplique por 100.

ESFERA	Total	Porcentagem
URGÊNCIA	A	(A/(A+B+C))*100
IMPORTÂNCIA	B	(B/(A+B+C))*100
CIRCUNSTÂNCIA	C	(C/(A+B+C))*100
SOMA	A+B+C	

Por exemplo, digamos que você obteve 20 pontos na esfera da urgência, 18 na esfera da importância e 19 na esfera da circunstância, conforme quadro abaixo. O total da sua esfera da vida é 57 (20 de urgência + 18 de importância + 19 de circunstância).

ESFERA	Total	Porcentagem
URGÊNCIA	20	
IMPORTÂNCIA	18	
CIRCUNSTÂNCIA	19	
SOMA	57	

Para obter o percentual de cada esfera, divida o resultado pelo total da esfera da vida e a seguir, multiplique por 100. A esfera da urgência obteve 20 pontos, dividido por 57, é igual a 0,3509 que multiplicado por cem resulta em 35,09%. Repita a operação para cada esfera. A soma das porcentagens deve ser 100%.

ESFERA	Total	Porcentagem
URGÊNCIA	20	35,09%
IMPORTÂNCIA	18	31,58%
CIRCUNSTÂNCIA	19	33,33%
SOMA	57	100,00%

Agora calcule o resultado da sua esfera da vida:

ESFERA	Total	Porcentagem
URGÊNCIA		
IMPORTÂNCIA		
CIRCUNSTÂNCIA		
SOMA		

Acredito que está bastante abstrato o que a Tríade do Tempo é capaz de fazer em relação a procrastinação. Realmente, ela não consegue resultados sozinha. A Tríade serve para desenhar um mapa da situação, fazer um diagnóstico do estado atual da pessoa e permite auxiliar na definição de mudanças na vida e mensurar o resultado dessas mudanças.

Vou apresentar um caso de um cliente que poderia ser classificado como um procrastinador profissional, mesmo aparentando ser uma pessoa extremamente proativa e com muitos compromissos. Essa era uma visão deturpada, voltada para os meios e não para os resultados, após algumas conversas, o próprio cliente constatou que fazia muitas coisas, mas que conseguia poucos resultados.

A primeira Tríade do Tempo do cliente apresentou os seguintes resultados:

URGÊNCIA	
QUESTÃO	RESPOSTA
1	4
3	4
6	3
9	4
12	4
15	4
Total	23
IMPORTÂNCIA	
QUESTÃO	RESPOSTA
4	2
7	2
10	2
11	2
14	2
17	2
Total	12

CIRCUNSTÂNCIA	
QUESTÃO	**RESPOSTA**
2	4
5	4
8	5
13	3
16	3
18	3
Total	22

ESFERA	Total	Porcentagem
URGÊNCIA	23	40,35%
IMPORTÂNCIA	12	21,05%
CIRCUNSTÂNCIA	22	38,60%
SOMA	57	

O resultado era muito ruim, porém o diagnóstico era bem fácil. Na esfera da importância, o cliente apresentou nota dois em todos os itens, totalizando doze pontos. Todas as atividades dentro da esfera da importância eram realizadas apenas raramente.

Foi desenvolvido um trabalho de mudança de atitudes e hábitos, mas o primeiro passo foi o mais importante. A situação era caótica e era necessário se focar em uma ação pequena, mas de resultados fantásticos.

Analisando as respostas do cliente foi fácil identificar uma situação crônica nos itens 3 (Quando recebo um novo e-mail ou mensagem no celular, costumo dar uma olhada para checar o conteúdo) e 15 (Leio muitos e-mails ou mensagens de mídias sociais desnecessários, com piadas, correntes, propagandas, apresentações, produtos etc.). São duas atividades motivadoras da distração, perda de foco e procrastinação.

Uma das desculpas para não fazer algo importante ou parar uma atividade relevante é um correio eletrônico solicitando algo ou uma mensagem informando uma situação que deve ser analisada. O procrastinador utiliza essas situações para criar sua desculpa e interromper outras atividades – mesmo quando sabe que não precisa realmente tomar tal atitude.

Com relação a essa situação, o cliente se propôs a consultar o correio eletrônico apenas três vezes ao dia, quando chegava ao trabalho, logo que retornava do almoço e uma hora antes do fim do expediente. Da mesma forma, ele não acessaria as mídias sociais e nem usaria outros programas de mensagem instantânea durante o trabalho. Em um primeiro momento, ele ficou bastante receoso, pois achava que poderia deixar de atender uma emergência ou perder um prazo por conta do seu 'desligamento'.

A proposta de mudança foi planejada para ser realizada durante um mês. Não tinha certeza se ele conseguiria realizar a mudança durante todo esse período. Em paralelo, continuavam outras ações referentes a aumento de eficiência, parar de procrastinar, aprender a dizer não, aumentar a autoconfiança e amor próprio. Após o prazo de um mês foi aplicado um novo teste da Tríade do Tempo.

As duas mudanças esperadas estavam relacionadas aos dois aspectos pré-determinados para alteração de hábitos. Realmente, ele parou de abrir seu programa de correio eletrônico o tempo todo, restringindo a realizar apenas três vezes por dia. O cliente contou que em algumas situações, quando estava esperando uma resposta sobre determinada situação, abriu o programa mais vezes. Sua nota passou de 4 (Quase sempre) para 2 (Às vezes). Dois pontos a menos em uma ação da esfera de urgência.

Com relação ao aspecto do item 15 (Leio muitos e-mails ou mensagens de mídias sociais desnecessários, com piadas, correntes, propagandas, apresentações, produtos etc.) a nota atribuída passou de 4 (Quase sempre) para 1 (Nunca). O cliente relatou que no começo tinha recaídas, mas aos poucos foi perdendo interesse pelas mensagens e pelas informações das mídias sociais e que só acessava os conteúdos depois do trabalho, durante um momento de relaxamento. Ele inclusive saiu de diversos grupos de conversa e encerrou o cadastro de diversos serviços de envio de correio eletrônico com promoções e coisas similares.

Apenas com essas duas mudanças diretas, ocorreu uma grande alteração na Tríade do Tempo. Houve uma queda de 5 pontos no total de atividades urgentes, o que representou uma queda para 34,62% da sua esfera, levando ao crescimento das outras duas esferas. A mudança principal está relacionada a esfera de Importância, que passou de 21,05% para 23,08%, sem qualquer alteração nas atividades importantes.

ESFERA	Total	Porcentagem
URGÊNCIA	18	34,62%
IMPORTÂNCIA	12	23,08%
CIRCUNSTÂNCIA	22	42,31%
SOMA	52	

A mudança foi mais além. A soma da Tríade do Tempo, que era de 57, passou para 52. Ou seja, o número de atividades realizadas diminuiu. A energia dessas atividades poderia ser canalizada para atividades mais relevantes ou até mesmo para o descanso.

Após o segundo mês de mudanças, o cliente apresentou novos resultados em diversos aspectos, conforme o quadro a seguir:

Item	Atividade	1 mês	2 meses
1	Costumo ir a eventos, festas ou cursos, mesmo sem ter muita vontade, para agradar meu chefe, amigos ou família.	4	4
2	Não consigo realizar tudo que me propus fazer no dia e preciso fazer hora extra e levar trabalho para casa.	4	3
3	Quando recebo um novo e-mail ou mensagem no celular, costumo dar uma olhada para checar o conteúdo.	2	2
4	Costumo visitar, com regularidade, pessoas relevantes em minha vida, como amigos, parentes e filhos.	2	2
5	É comum aparecerem problemas inesperados no meu dia a dia.	4	3
6	Assumo compromissos com outras pessoas ou aceito novas posições na empresa, mesmo que não goste muito da nova atividade, se for para aumentar minha renda ou obter uma promoção.	3	2
7	Tenho um tempo definido para dedicar a mim mesmo, e nele posso fazer o que quiser.	2	2
8	Costumo deixar para fazer relatórios, imposto de renda, compras de Natal, estudar para provas e outras tarefas perto do prazo de entrega.	5	5
9	Nos dias de descanso, costumo passar boa parte do dia assistindo à televisão, jogando ou acessando a internet.	4	3
10	Faço um planejamento por escrito de tudo que preciso fazer durante minha semana.	2	2

11	Posso afirmar que estou conseguindo realizar tudo que gostaria em minha vida e que o tempo está passando na realidade correta.	2	2
12	Costumo participar de reuniões sem saber direito o conteúdo, o porquê devo participar ou a que resultado aquele encontro pode levar.	4	4
13	**Consigo melhores resultados e me sinto mais produtivo quando estou sob pressão ou com o prazo curto.**	**3**	**2**
14	Quando quero alguma coisa, defino esse objetivo por escrito, estabeleço prazos em minha agenda, monitoro os resultados obtidos e os comparo com os esperados.	2	2
15	Leio muitos e-mails ou mensagens de mídias sociais desnecessários, com piadas, correntes, propagandas, apresentações, produtos etc.	1	1
16	**Estive atrasado com minhas tarefas ou reuniões nas últimas semanas.**	**3**	**2**
17	Faço esporte com regularidade, me alimento da forma adequada e tenho o lazer que gostaria.	2	2
18	É comum reduzir meu horário de almoço ou até mesmo comer enquanto trabalho para concluir um projeto ou tarefa.	3	3

O resultado da Tríade do Tempo apresentou mudanças em seis itens após o segundo mês. Nenhuma das mudanças se refere a atividades importantes. Todas as mudanças foram reduções em ações urgentes e circunstanciais.

Quatro itens circunstanciais apresentaram redução. No total, as atividades circunstanciais caíram de 22 para 18 pontos. Dois itens urgentes reduziram sua nota e o total da esfera passou de 18 para 16 pontos. Foram pequenas mudanças em cada item, apenas um ponto em cada, passando de 'Quase sempre' para 'Às vezes' ou de 'Às vezes' para 'Quase nunca'.

As pequenas mudanças refletiram em uma queda do resultado total. Mesmo sem aumentar a frequência de atividades importantes, a sua representatividade na Tríade do Tempo aumentou para 26,09% (era 23,08%).

ESFERA	Total	Porcentagem
URGÊNCIA	16	34,78%
IMPORTÂNCIA	12	26,09%
CIRCUNSTÂNCIA	18	39,13%
SOMA	46	

Algo relevante a se destacar na avaliação da Tríade do Tempo é que, após o segundo mês, o cliente se mostrava mais disposto, entusiasmado e, a partir de uma pequena sugestão indireta, decidiu que iria começar a dar mais prioridade para atividades importantes. Após o terceiro mês, o resultado da Tríade do Tempo foi o seguinte:

Item	Atividade	2 meses	3 meses
1	Costumo ir a eventos, festas ou cursos, mesmo sem ter muita vontade, para agradar meu chefe, amigos ou família.	4	3
2	Não consigo realizar tudo que me propus fazer no dia e preciso fazer hora extra e levar trabalho para casa.	3	2
3	Quando recebo um novo e-mail ou mensagem no celular, costumo dar uma olhada para checar o conteúdo.	2	2
4	Costumo visitar, com regularidade, pessoas relevantes em minha vida, como amigos, parentes e filhos.	2	3
5	É comum aparecerem problemas inesperados no meu dia a dia.	3	3
6	Assumo compromissos com outras pessoas ou aceito novas posições na empresa, mesmo que não goste muito da nova atividade, se for para aumentar minha renda ou obter uma promoção.	2	2
7	Tenho um tempo definido para dedicar a mim mesmo, e nele posso fazer o que quiser.	2	2
8	Costumo deixar para fazer relatórios, imposto de renda, compras de Natal, estudar para provas e outras tarefas perto do prazo de entrega.	5	4
9	Nos dias de descanso, costumo passar boa parte do dia assistindo à televisão, jogando ou acessando a internet.	3	3

10	Faço um planejamento por escrito de tudo que preciso fazer durante minha semana.	2	2
11	Posso afirmar que estou conseguindo realizar tudo que gostaria em minha vida e que o tempo está passando na realidade correta.	2	2
12	Costumo participar de reuniões sem saber direito o conteúdo, o porquê devo participar ou a que resultado aquele encontro pode levar.	4	3
13	Consigo melhores resultados e me sinto mais produtivo quando estou sob pressão ou com o prazo curto.	2	2
14	Quando quero alguma coisa, defino esse objetivo por escrito, estabeleço prazos em minha agenda, monitoro os resultados obtidos e os comparo com os esperados.	2	3
15	Leio muitos e-mails ou mensagens de mídias sociais desnecessários, com piadas, correntes, propagandas, apresentações, produtos etc.	1	1
16	Estive atrasado com minhas tarefas ou reuniões nas últimas semanas.	2	2
17	Faço esporte com regularidade, me alimento da forma adequada e tenho o lazer que gostaria.	2	4
18	É comum reduzir meu horário de almoço ou até mesmo comer enquanto trabalho para concluir um projeto ou tarefa.	3	2

Três itens relacionados a esfera da importância aumentaram suas notas. Os item 4 (Costumo visitar, com regularidade, pessoas relevantes em minha vida, como amigos, parentes e filhos) e 14 (Quando quero alguma coisa, defino esse objetivo por escrito, estabeleço prazos em minha agenda, monitoro os resultados obtidos e os comparo com os esperados) que passaram de 2 (Raramente) para 3 (Às vezes) e o item 17 (Faço esporte com regularidade, me alimento da forma adequada e tenho o lazer que gostaria) que passou pela maior mudança, saindo de 2 (Raramente) para 4 (Quase sempre).

**As circunstâncias nos definem,
nos forçando a ir por uma estrada ou outra,
e depois nos punem por isso.**

Turgueniev

Esse item é muito importante pois o cliente apresentava uma reclamação relacionada ao seu peso e sua saúde. Seu relato era de que não conseguia nem praticar exercícios continuamente, nem ter uma alimentação adequada em decorrência do excesso de obrigações referentes ao trabalho.

Como vimos, no segundo mês foi identificada uma queda dos pontos do total da Tríade do Tempo – de 52 para 46 pontos. Isso significa que ele havia reduzido o seu número de atividades e, por isso mesmo, se sentia mais disposto, com mais energia. Essa energia foi canalizada para tarefas importantes, em especial, alimentação e exercícios.

Outros itens, relacionados a atividades circunstanciais e urgentes também apresentaram mudança, diminuindo sua pontuação. O resultado da nova Tríade do Tempo, após três meses, foi o seguinte:

ESFERA	Total	Porcentagem
URGÊNCIA	14	31,11%
IMPORTÂNCIA	16	35,56%
CIRCUNSTÂNCIA	15	33,33%
SOMA	45	

Em relação ao resultado anterior, houve uma queda mínima, de um ponto, no resultado geral da Tríade do Tempo, que passou de 46 e agora é 45 pontos. As atividades da esfera da importância aumentaram de 12 para 16 pontos, enquanto as atividades da esfera da urgência caíram de 16 para 14 e da esfera da circunstância caíram de 18 para 15 pontos. A energia desperdiçada em atividades urgentes e circunstanciais foram direcionadas para atividades importantes.

O grande destaque é que pela primeira vez a esfera com maior percentual de atividades é a esfera da importância, que alcançou 35,56%. Ainda está bem distante do ideal definido pelo criador do conceito da Tríade do Tempo, mas a mudança de 21,05% para 35,56% é excelente e serve de grande motivação para a continuidade das mudanças.

O prazer não é um mal em si; mas certos prazeres trazem mais dor do que felicidade.

Epicuro

Parar de procrastinar atividades importantes foi uma das principais atitudes responsáveis pela mudança dos resultados. Em um primeiro momento, o cliente bloqueou as atividades que causavam distração ou sabotavam suas ações e o levavam a procrastinar a realização de atividades importantes. Com esse bloqueio, ele sentiu-se fortalecido para priorizar o que é realmente importante e transformar sua vida. A Tríade serve como diagnóstico para definir as ações a serem adotadas. A mudança foi motivada pela ferramenta que vamos abordar no próximo capítulo: o Diário do Procrastinador.

CAPÍTULO VI

Diário do procrastinador

Chegamos ao meio do caminho, ou melhor, ao meio do livro. A jornada começa agora. Até o momento identificamos os motivos relacionados a dor e prazer que levam as pessoas a procrastinarem, a importância dos valores e da visão de médio e longo prazo para acabar com a procrastinação e diagnosticamos como o nosso tempo é investido em atividades realmente importantes e desperdiçado em atividades irrelevantes. Já temos o mapa do território e estamos prontos para iniciar a caminhada.

Nos processos de transformação pessoal e busca de excelência humana, seja em processos psicoterapêuticos, processos de coaching ou processos de desenvolvimento humano em geral, a escrita é uma das técnicas mais usadas e com resultados muito eficazes.

Existem diversas formas de utilizar a escrita como ferramenta de transformação. Algumas pessoas adotam a escrita para 'lembrar' das coisas e colam 'bilhetes' dos seus valores, dos seus objetivos, das suas metas em diversos lugares. Outros usam a escrita como uma forma de aprendizado e escrevem todo dia um mantra ou frase guia que servirá para aquele dia.

Peço que observem a diferença entre escrever e ler. No processo de leitura somos receptores de mensagens. Interpretamos a mensagem que recebemos, contextualizamos no nosso repertório e criamos nossos conhecimentos e percepções.

O processo de escrita é diferente. Coletamos todas as informações disponíveis, que recebemos durante um período, e a colocamos em um formato, a escrita. Nesse processo, ativamos parte do nosso subconsciente, mesmo que imperceptivelmente.

**A vida é uma lousa, em que o destino,
para escrever um novo caso,
precisa de apagar o caso escrito.**

Machado de Assis

Apesar do processo de escrita ser consciente, o acesso às memórias e mensagens guardadas por nós ocorre no nível subconsciente. Nesse processo, entramos em processo de auto hipnose. Ao escrever, mantemos o foco fixo e permitimos o acesso ao subconsciente. Dentro desse processo, a escrita se torna extremamente eficiente como ferramenta de transformação pessoal, por que ela une consciente e subconsciente em um processo que, ao mesmo tempo, gera crítica consciente e produz respostas subconscientes. Esse é o processo dentro da ferramenta do Diário do Procrastinador.

Talvez a situação não esteja muito clara, por isso, vou explicar por meio de um exemplo. Ao final do dia, você escreve todas as situações que ocorreram com você, analisando o que foi bom, o que foi ruim, o que você pode melhorar, o que deve evitar. Mais que apenas um relatório, você se permite identificar novos aprendizados e possibilidades.

Você já realizou esse tipo de situação, mas em condições diferentes. Naquele momento entre a vigília e o sono, aquele instante em que não estamos dormindo ainda, mas o corpo já está todo relaxado, os olhos fechados e, apesar de você perceber e sentir as coisas a sua volta, já está entrando em uma situação de sono. Neste momento temos ideias brilhantes, temos respostas para muitas dúvidas, temos soluções para muitos problemas.

Um exemplo típico é aquela situação em que alguém, durante o dia, falou algo que te desagradou. Alguém fez uma provocação e você, naquele momento, simplesmente, não soube como reagir, não soube responder. À noite, na cama, pouco antes de dormir, já deitado, com olhos fechados, entre a vigília e o sono, você descobre muitas respostas que poderia ter dado naquela situação, percebe como poderia ter agido. Esse é o momento em que seu consciente e inconsciente estão conversando. Esse mesmo fenômeno ocorre quando escrevemos sobre nosso diário, quando elaboramos nosso relatório.

O diário como ferramenta terapêutica é extremamente eficiente e serve para muitas situações. É um momento em que conversamos com o nosso interior sobre nosso dia, sobre as coisas boas e ruins, sobre tudo que devemos agradecer, sobre o que devemos melhorar. Ele pode ser utilizado para situações de falta de confiança, dificuldade de comunicação e relacionamento, problemas em dizer não, falta de objetivos.

Nosso foco é a questão da procrastinação e, por isso, vamos fazer o Diário da Procrastinação. Ao focar o diário em um aspecto específico – a procrastinação - é possível diminuir o desgaste do trabalho e aumentar sua eficiência, fortalecendo a confiança e determinação e, assim, gerar motivação para outras mudanças.

O Diário da Procrastinação consiste em realizar, toda noite, antes de dormir, um relatório sobre todas as ações do dia, as que foram realizadas e as que não foram realizadas. Depois identificar quais ações estão ligadas aos seus valores, objetivos e metas e quais ações não estão, as ações circunstanciais, sem importância e que atuaram como sabotadores ou distrações para você.

O primeiro passo é listar todas as ações que você realizou no seu dia. O nível de detalhamento fica por sua conta. O que eu sugiro é que você busque um meio termo, evitando o detalhamento em excesso, mas também não sendo excessivamente genérico e superficial.

Vou dar um exemplo da minha lista de ações do dia:

1. Preparei/tomei café da manhã, inclusive suco verde
2. Acordei as meninas e ajudei a se arrumarem para ir à escola
3. Acessei as mídias sociais
4. Levei as meninas para a escola
5. Fiz academia (hoje foi dia de alongamento)
6. Tomei banho
7. Trabalho (finalizei documentos de um processo)
8. Acessei mídias sociais
9. Almocei em casa
10. Cochilei depois do almoço
11. Trabalho (finalizei documentos de um processo)
12. Escrevi (livro, apresentações)
13. Acessei mídias sociais
14. Comi dois pedações de bolo - exagerei
15. Assisti jogo de basquetebol na televisão
16. Meditei / dormi

O próximo passo é listar as ações que você deveria ter realizado, mas não realizou:

1. Ligar para o pessoal do auditório para fazer a reserva do local
2. Fazer pesquisa de preços de um processo
3. Ler o livro atual

**Escrevo sem pensar,
tudo o que o meu inconsciente grita.
Penso depois: não só para corrigir,
mas para justificar o que escrevi.**

Mário de Andrade

Deixei três atividades sem fazer. É bem pouco, mas uma delas foi um ato típico de procrastinação: não ligar para o pessoal do auditório para reservar o local. É uma situação típica de procrastinação. Se eu tivesse feito a ligação, era uma tarefa realizada, um passo dado e que não me preocuparia. Deixei de fazer a ligação apenas por que tenho tempo, pelo menos duas semanas, para fazer a reserva.

Por que não fiz a ligação? Algo tão simples. Agora vou para o próximo passo do processo. Contextualizar se essa ação está dentro das minhas atividades importantes ou não. Ao me perguntar se a atividade é importante para que eu alcance meus valores, a resposta é SIM, o auditório será utilizado para uma grande palestra que está ligada ao desenvolvimento da minha carreira e construção do meu legado – que são valores importantes para mim nesse momento.

Você pode realizar essa análise com todas as ações do dia ou pode optar em fazer apenas com algumas ações, que você perceba que estão relacionadas ao seu objetivo de parar de procrastinar. Eu utilizei o exemplo da ligação que eu não realizei por que, como eu já disse, era um exemplo clássico de procrastinação. Adiante, vou trabalhar outro exemplo, de uma ação que também foi um ato de procrastinação.

Retornando à questão da ligação não realizada. O passo seguinte para diminuir meus atos procrastinadores é promover uma conversa entre as partes envolvidas. Parece óbvio que existem duas partes minhas em conflito nessa situação. Uma parte que quer alcançar os objetivos e valores e outra parte que não realizou a ação.

A conversa entre as partes é uma variação da estratégia de *squash visual* da Programação Neurolinguística. Realizo essa técnica rotineiramente, orientando as ações dos clientes e deixando suas partes encontrarem suas respostas. A técnica também serve para situações de dúvidas, processos decisórios, em que se deseja encontrar a melhor resposta para uma situação e, para isso, você promove uma conversa entre as partes envolvidas.

A estrutura da indução é seguinte:

1 – Defina as partes envolvidas. A parte que procrastina e a outra parte que deseja realizar as tarefas prontamente.

2 – Escolha uma mão para cada parte, por exemplo, a mão direita para a parte procrastinadora e a mão esquerda para a parte realizadora.

3 – Sente-se confortavelmente, com a coluna ereta. Coloque suas mãos sobre suas coxas, com as palmas voltadas para cima.

4 – Respire profundamente, pelo menos três vezes, puxando o ar lentamente e soltando devagar, deixando seu corpo relaxar. Quando se sentir relaxado, feche os olhos.

5 – Converse com sua parte procrastinadora que está na mão direita. Peça que ela explique seus motivos para procrastinar. Escute, diga que compreenda e agradeça pelas informações.

6 – Converse com sua parte realizadora que está na mão esquerda. Peça que ela explique os motivos para realizar as tarefas. Escute, diga que compreende e agradeça pelas informações.

7 – Peça para sua parte procrastinadora, que está na mão direita, entrar na posição da parte realizadora, que está na mão esquerda, e peça para perceber e entender as vantagens de realizar as atividades de forma rápida e antecipada, compreendendo todos os

benefícios que isso pode trazer para você. Quando ela terminar, a parte pode retornar ao seu lugar.

8 – Diga para sua parte procrastinadora que agora ela entende a importância de se tornarem realizadores, agradeça a ela por tudo que fez, que você entende que a intenção era positiva, que tudo foi um aprendizado, mas que agora não precisa mais dela e que ela pode partir. Agradeça por todo aprendizado que ela te proporcionou e deixe-a ir.

9 – Informe sua parte realizadora que a outra parte, a procrastinadora, foi embora e que agora ela pode retornar para você e que vocês serão pessoas realizadoras. Peça para ela entrar em você.

10 – Imagine uma situação no futuro em que você não procrastina, realizando sua tarefa de imediato, com sucesso e qualidade. Repita com diversas situações até se sentir seguro sobre a situação.

Vou explicar detalhadamente o processo.

O primeiro passo é induzir um estado hipnótico. No meu caso, eu faço auto hipnose, que você também pode realizar por conta própria, com outras pessoas realizo uma indução hipnótica.

Sente-se confortavelmente em uma cadeira ou sofá e coloque suas mãos sobre suas pernas, com as palmas da mão viradas para cima. Em cada mão você colocará uma das partes envolvidas. Está parecendo confuso? Pense que você estará trabalhando dentro da sua mente, no seu Universo, onde tudo que você deseja é possível, então você poderá colocar as partes em cada mão. A forma como você vai fazer isso não importa, você é quem decide. Talvez você coloque imagens de você nas mãos, talvez apenas imagine ideias dessas partes representadas por algum objeto ou alguma outra coisa.

Você pode escolher em qual mão estará cada parte. Por exemplo, a sua parte que não realizou a tarefa ficará na mão direita e a parte que desejava realizar a tarefa na mão esquerda. Nos processos induzidos, com um facilitador, é necessário decidir antecipadamente em qual mão ficará cada parte, para que o facilitador possa utilizar as posições corretamente.

Agora que você está sentado confortavelmente, na posição correta, com suas mãos sobre as coxas, com as palmas voltadas para cima, comece respirando profundamente, puxando o ar pelo nariz e soltando pela boca, lentamente. Enquanto sente o ar saindo, permita seu corpo relaxar. Repita a respiração sentindo-se cada vez mais relaxado e, no seu tempo, quando você se sentir confortável, feche os olhos.

Com os olhos fechados, imagine na sua mão direita a parte que o levou a não realizar a tarefa. Pergunte para ela quais os motivos de não querer realizar a tarefa, dela não fazer o que deveria ser feito.

Escute atentamente esses motivos. Ao finalizar, agradeça pela explicação e diga que compreende as razões apresentadas.

Imagine na sua outra mão, a esquerda, a parte que deseja realizar a tarefa. Pergunte por que a tarefa deve ser feita, quais as vantagens que a sua realização pode trazer e por que é melhor fazer a tarefa o quanto antes. Escute atentamente os argumentos. Ao finalizar, agradeça pela explicação e diga que compreende as razões apresentadas.

**Existe um número infinito de ideias
a serem extraídas do seu subconsciente**

Joseph Murphy

Retorne a conversar com a sua parte na mão direita, que não quis realizar a atividade. Peça para ela entrar na posição da outra parte e entender todos os motivos e benefícios que realizar a tarefa vai trazer e quais as vantagens de realizar a tarefa o quanto antes. Quando ela terminar de compreender as razões da outra parte, peça para ela voltar para sua posição original.

Com a parte que não quis realizar a tarefa em sua posição original, na mão direita, converse com ela e explique que compreende que ela agiu para o seu bem, mas que agora precisamos avançar e que está na hora de mudar de atitude. Agradeça por tudo de bom que ela fez, que você compreende a sua intenção positiva e que a melhor forma dela ajudar é deixar a outra parte agir. Se despeça dessa sua parte – a procrastinadora – e deixe ela ir embora, satisfeita com suas realizações, ciente que sempre quis o melhor.

Após a sua parte da mão direita ir embora, volte-se para mão esquerda e diga para ela que está livre para agir e realizar a atividade da melhor forma e o mais rapidamente possível. Diga que agora ela pode retornar para dentro de você e que vocês realizarão uma viagem para o futuro. Sinta a parte que estava na sua mão esquerda entrar dentro de você.

Agora você está coerente. Não existe mais o confronto com a sua parte procrastinadora, você a deixou partir depois de agradecer pela sua contribuição, e a sua parte realizadora é dominante, está dentro de você e o levou da posição de consequência para causa.

A conversa entre as partes pode ser realizada para todas as situações em que existe um conflito entre o desejo e necessidade de realizar uma tarefa e uma força sabotadora procrastinando a realização da ação.

Entendo que você está ansioso para mudar sua vida e queira realizar o processo com o maior número possível de situações.

Recomendo que você controle sua ansiedade e trabalhe uma situação por vez, lentamente e de forma consistente. A cada mudança você se sentirá mais fortalecido e preparado para a próxima transformação.

Após a conversa entre as partes, a próxima ação é a Ponte ao Futuro. A função da ferramenta é fortalecer sua mudança e criar recursos para a realização dos seus objetivos.

> **A imaginação é mais poderosa
> do que o conhecimento.
> Ela amplia a visão,
> dilata a mente,
> desafia o impossível.
> Sem a imaginação
> o pensamento estagna.**
>
> *Albert Einstein*

Antes de avançarmos para o próximo capítulo, eu disse que abordaria outra situação do meu dia-a-dia que é relacionada a uma questão de procrastinação.

Entre as minhas realizações do dia, disse que comi dois pedaços de bolo, à noite, quando cheguei em casa. Ao escrever o fato, ainda anotei que havia exagerado. Foi uma ação com uma intenção positiva. Eu estava cansado e com fome.

                                          Diário do procrastinador

O objetivo era saciar minha fome e ao mesmo tento receber um carinho. Comer é uma forma de fazer um agrado a nós mesmos, traz uma sensação agradável de satisfação. O problema foi que eu exagerei. Eu reconheci o fato na anotação em meu diário.

Você deve estar se perguntando o que essa situação tem a ver com a questão da procrastinação? Quando eu pensei de forma imediata, na fome e na satisfação que comer me traria, eu agi contra dois objetivos meus: saúde e imagem. Procrastinei esses resultados. O pedaço a mais de bolo que eu comi jogou para outro dia o cuidado com a minha saúde e com minha imagem.

Compreender esse exemplo é fundamental para sua transformação de uma pessoa procrastinadora para uma pessoa que alcança seus objetivos, uma pessoa realizadora, efetiva e feliz. Parece algo pequeno e sem sentido. Mas quantas vezes você decidiu começar uma dieta e deixou para depois? Quantas vezes você decidiu começar a fazer exercícios e deixou para depois? O fato é que nossas ações são contínuas e alcançar nossos objetivos exige o seu cumprimento e realização constante para se buscar nossas metas. Cada dia que deixamos de realizar essas ações é um dia a menos, um dia perdido, na busca dos nossos propósitos.

Ter consciência disso é fundamental para sua mudança. Quantas vezes você comeu mais do que devia com a desculpa de que é 'só hoje' ou 'eu mereço'? Quantas vezes você deixou de ir para a academia com a desculpa de que é 'só hoje' ou 'eu preciso descansar'? Quantas vezes você deixou de fazer um trabalho naquele momento com a desculpa de que 'hoje estou sem cabeça' ou 'não me sinto inspirado'?

**Mantenha na mente um quadro de sucesso.
Sua mente tornará real essa imagem.**

Norman Vincent Peale

São nossas desculpas para procrastinar e cada ato realizado fora dos nossos propósitos, fora dos nossos objetivos, em contrariedade com o que elencamos como nossos valores, é um ato de procrastinação da nossa plenitude.

É importante ser capaz de identificar essas situações, que estão disfarçadas, mas que comprometem nossa eficiência, nossos resultados e a nossa felicidade. Sendo capaz de identificar até mesmo essas situações de procrastinação camufladas, você estará bem próximo de transformar sua vida.

CAPÍTULO VII

Ponte ao futuro

O Diário do Procrastinador e a conversa entre as partes são fantásticos para a mudança dos hábitos e criação de um perfil mais realizador. A sua eficácia aumenta com a utilização em conjunto com a técnica da Ponte ao Futuro.

Aristóteles afirmou que somos o resultado do que costumamos fazer. Se costumamos procrastinar nossas obrigações, realizações e atos, nos tornamos procrastinadores. Se decidimos realizar nossas obrigações e atos de forma eficiente, rápida e com qualidade nos tornamos pessoas realizadoras.

Com o Diário do Procrastinador identificamos nossos atos de procrastinação e realizamos um processo mental, de conversa interna, para modificar a nossa programação neurológica, eliminando os argumentos sabotadores da nossa eficiência e destacando os argumentos para ações proativas e de resultados.

Agora é preciso praticar essas ações. Quanto mais prática e treino, melhor nos tornamos no que fazemos. Quando repetimos seguidamente uma ação, nos aperfeiçoamos nessa prática. A ação passa de intencional e consciente para natural e inconsciente. Deixamos de fazer algo para ser algo. As mudanças se tornam hábito.

Nossos hábitos podem ser positivos ou negativos. Eles são criados e se desenvolvem quando repetimos atitudes e comportamentos, criando sinapses nos neurônios que transmitem a informação referente a esses hábitos.

> **É a própria mente de um homem
> e não seu inimigo ou adversário,
> que o seduz para caminhos maléficos.**
>
> *Buda*

Sinapse é a região dos neurônios onde agem os neurotransmissores (mediadores químicos) que transmitem os impulsos nervosos por todo nosso corpo. Quanto mais se pratica um hábito, mais fortes se tornam as ligações sinápticas relacionadas a essa ação e mais forte se torna um hábito.

Uma vez que mudamos o viés mental relacionado à questão da procrastinação, é essencial fortalecer suas sinapses por meio de experiência e prática. A Programação Neurolinguística possui uma ferramenta extraordinária para o desenvolvimento da experiência, para o aprimoramento da prática: a Ponte ao Futuro.

A técnica consiste em imaginar uma situação futura, para criar confiança e experiência. Ela serve para desenvolver planos, projetos e objetivos e pode ser aplicada até em processos de ressignificação.

A Ponte ao Futuro será utilizada para fortalecimento de ações para combater a procrastinação, desenvolvendo possíveis soluções para situações em que o apelo para procrastinar seja muito forte.

Artistas famosos, executivos de grandes empresas, palestrantes, cirurgiões e atletas olímpicos utilizam a Ponte ao Futuro como uma ferramenta poderosa de antecipação de situações e resolução de problemas e dificuldades potenciais.

Estudos sobre a utilização da PNL demonstram os resultados das técnicas de mentalização e da Ponte ao Futuro como extremamente eficazes. Experimento realizado com ginastas demonstrou os ganhos que a utilização de técnicas de visualização como a Ponte ao Futuro pode provocar.

Atletas que deveriam aprender um novo movimento foram divididos em dois grupos. Um grupo foi instruído a visualizar o movimento a ser realizado, de forma perfeita e correta; o outro grupo não recebeu nenhuma instrução. Quando chegou o momento de fazer o movimento, sem o benefício de nenhuma prática física anterior, o grupo que visualizou a prática

                                                                  Ponte ao futuro

mentalmente teve uma taxa de sucesso de 60%, enquanto que o grupo que não tinha feito nenhuma visualização teve, inicialmente, cerca de 10% de sucesso.

Nadadores de ponta, medalhistas olímpicos, utilizam a Ponte ao Futuro, mentalizando suas provas, imaginando todas as possíveis dificuldades que podem ocorrer e como deverão proceder no caso de algo acontecer. Da mesma forma, eles também projetam provas perfeitas para desenvolver confiança e condicionar sua mente para a realização de uma prova sem erros.

Atores e atrizes encenam mentalmente suas cenas diversas vezes. No momento em que vão filmar ou se apresentar no palco, suas ações e falas estão automatizadas e prontas, quase no piloto automático. A sua interpretação está na esfera do conhecimento inconsciente.

Executivos realizam a Ponte ao Futuro de seus projetos imaginando todos os tipos de circunstâncias e cenários possíveis, buscando problemas e encontrando soluções antecipadamente. Dessa forma, no caso de algo acontecer, não será um imprevisto, será algo já imaginado. Eles estarão prontos para adotar as medidas necessárias, de forma rápida e eficaz.

Palestrantes realizam suas apresentações mentalmente diversas vezes, ganhando confiança e imaginando as variações possíveis em relação a sua audiência. Além de entrarem no palco totalmente preparados e confiantes, estão prontos para as mais diversas possibilidades de reação do público.

Médicos mentalizam suas cirurgias antes de realmente fazerem a intervenção. Ben Carson, neurocirurgião pediátrico, responsável pela primeira cirurgia de separação de gêmeos siameses unidos pelo cérebro, realizou o procedimento pioneiro que o tornou famoso no mundo inteiro, diversas vezes, mentalmente. Ele mentalizou todo procedimento como um sucesso absoluto. Além disso, também visualizou possibilidades e ocorrências durante a cirurgia que permitiram criar soluções para cada situação de forma que saberia agir caso alguma coisa acontecesse durante o procedimento.

A força da mentalização é tão poderosa que, no início dos anos 70, o oncologista Carl Simonton e a psicóloga Stephanie Simonton demonstraram os resultados da utilização das imagens mentais para o tratamento de pacientes com câncer. O oncologista percebeu que quando mostrava aos pacientes uma imagem de um órgão canceroso e uma imagem de um órgão saudável e, a seguir, descrevia como deveria funcionar o órgão saudável, os pacientes apresentavam melhores resultados no tratamento. De alguma maneira, os pacientes usavam as imagens do órgão saudável como objetivo. A partir disso, a psicóloga Stephanie Simonton começou a incorporar o processo de mentalização dos tecidos saudáveis como parte suplementar no tratamento dos pacientes com câncer.

A base do processo de mentalização - Ponte ao Futuro - remonta ao final do século XIX e começo do século XX, com o desenvolvimento da teoria de Emile Coué sobre o poder da sugestão. Segundo Coué, o resultado pretendido deveria ser sugerido ao nosso inconsciente e que isso faria com que nossa mente buscasse, por si só, a melhor forma de realização desse resultado.

Nós acostumamo-nos com facilidade à preguiça da mente, sobretudo porque muitas vezes essa preguiça se esconde sob a aparência de atividade: corremos de um lado para outro, fazemos cálculos e damos telefonemas. No entanto, tudo isso ocupa apenas os níveis mais toscos e elementares da mente. E oculta o que existe de essencial em nós.

Dalai Lama

A teoria de Coué está ligada diretamente a outra teoria em moda nos tempos atuais: a lei da atração. O termo é utilizado amplamente pelo movimento do Novo Pensamento que enfatiza crenças metafísicas em relação ao pensamento positivo, cura, força vital, criatividade. Existem muitas outras conceituações da lei da atração e da sua aplicação. Cada uma adaptada a determinadas situações e contextos.

Para nós, a questão da lei da atração está relacionada diretamente ao direcionamento da mente para nossos objetivos, de criar experiências mentais para nossas metas, buscando transformar essas experiências mentais em práticas que se consubstanciam em hábito antes mesmo da sua real efetivação.

Fica mais fácil compreender como a ideia da lei da atração funciona no processo de Ponte ao Futuro por meio de um exemplo. Vamos retomar aquela situação do meu diário de procrastinador em que eu procrastinei uma ação. Já promovi a conversa entre as partes e deixei a parte responsável pela procrastinação ir embora e estou preparado para não procrastinar.

Agora vou mentalizar a situação - Ponte ao Futuro - no dia seguinte, em que vou realizar a atividade que deixei de fazer. Vou imaginar a realização da atividade, pode ser com muitos ou poucos detalhes, podem ser imagens bem nítidas e claras ou apenas a sensação de realização da atividade. Nesse contexto vou até o final da realização da atividade, com a sensação de dever cumprido ao terminar a tarefa.

De acordo com o contexto, posso promover outras situações futuras relacionadas ao caso específico. Por exemplo, se for um trabalho que devo entregar para meu superior, imagino a entrega do trabalho, antecipadamente, com meu chefe ficando satisfeito.

Se for uma situação como a história da menina que meu amigo de infância não tirou para dançar, poderia imaginar-se pedindo para ela dançar com ele. Depois, poderia imaginar o resultado futuro, eles dançando. E, até mesmo, quem sabe, imaginar um futuro em que os dois estão namorando.

**Raciocínio lógico leva você de A até B.
A imaginação leva você aonde você quiser.**

Albert Einstein

Essa é a prática da Ponte ao Futuro. Imaginar uma situação no futuro, contextualizá-la e realizá-la em nossa mente de forma que pareça que ela está acontecendo de fato. Nossa mente não consegue diferenciar as informações que recebe, principalmente no nível subconsciente. Para nossa mente tudo é fato. Somente por meio da racionalização é que distinguimos o que é verdade e o que é ficção.

Essa situação é facilmente compreendida quando observamos nossa reação ao assistir um filme, principalmente dentro de um cinema. Sabemos que a história não é verdadeira, mesmo assim nos assustamos com uma cena no filme de terror, por mais absurda que possa ser a situação que provocou medo. Nos emocionamos nos dramas, ficamos empolgados com os filmes de ação. Isso ocorre por que nossa mente compreende tudo como informação. Após a racionalização dos acontecimentos é que distinguimos a informação como real ou não. Essa capacidade imaginativa é o princípio fundamental do poder da atração.

Um dos conceitos mais comuns do poder da atração diz que os pensamentos das pessoas (tanto conscientes quanto inconscientes) moldam a realidade das suas vidas, mesmo que as pessoas não percebam. Essa definição dispõe que se você realmente deseja algo e acredita que isso é possível, vai conseguir. Por outro lado, colocar atenção em algo indesejado atrairá o indesejado também.

A questão é bastante controversa e de difícil comprovação científica. Os críticos alegam que a teoria não é mensurável, logo não é científica. Também contestam a probabilidade de que pensamentos possam afetar fisicamente qualquer coisa fora da mente das pessoas.

Vi em um documentário a história de um homem que foi morar na casa dos seus sonhos graças ao poder da atração. Ele contou que havia mudado de casa recentemente. Quando chegaram à nova residência e estavam desembrulhando seus pertences, seu filho encontrou uma caixa com desenhos feitos pelo pai. A criança perguntou o que eram aqueles desenhos e o pai explicou que há alguns anos ele tinha o hábito desenhar seus objetivos, as coisas que ele queria ter. Ele praticava o poder da atração, segundo seu depoimento.

A criança continuou a retirar os desenhos da caixa até que encontrou um que chamou sua atenção. O filho virou-se para o pai e comentou: 'olha é o desenho da nossa casa nova'. O homem contou que ao ver o desenho começou a chorar e lembrou que havia feito aquela ilustração há quase cinco anos, que era a casa que ele sonhava morar um dia e que, agora, estava morando em um lugar exatamente como a que ele tinha desenhado.

Os defensores do poder da atração vão dizer que o homem atraiu a casa para ele. Não vou discordar dessa hipótese pois é apenas uma outra forma de dizer o que eu compreendo sobre a situação. O caso é apenas a confirmação dos ensinamentos de Coué, que dizia que o resultado que pretendemos deve ser sugerido à nossa mente para que ela trabalhe ativamente e da melhor forma para alcançar esse resultado.

Quando o homem desenhou a casa – já falamos sobre o poder da escrita no nosso subconsciente e esse poder se aplica a situação de desenharmos algo – ele comunicou para sua mente uma série de informações relacionadas ao seu sonho. Que ele desejava morar em outro lugar e que aquele era o lugar. A mente começou a trabalhar nesse objetivo criando soluções e ações. Iniciou um processo de, por exemplo, fomentar a ideia de economizar dinheiro para se mudar, desapegar da atual casa entre outras coisas.

Quando o homem já era capaz de comprar uma nova casa, iniciou o processo de busca pelo imóvel. Por que você acha que ele escolheu exatamente aquela casa? A escolha já estava feita há muito tempo, quando ele fez o desenho. O que o homem estava procurando era uma casa real que se aproximasse o máximo possível da sua casa idealizada – mesmo que ele não tivesse consciência disso. Possivelmente, ele encontrou essa casa.

**A razão pode responder perguntas,
mas a imaginação tem que perguntá-las.**

Ralph Gerard

Ele desenhou uma casa dos sonhos, sua mente compreendeu aquilo como um objetivo e passou a trabalhar para sua realização (economizar dinheiro, desapegar da atual casa etc.) e, por último, no processo de seleção do imóvel, inconscientemente, ele procurava a casa mais próxima do que ele havia desenhado.

Esse entendimento sobre o poder da atração explica o funcionamento da Ponte ao Futuro como ferramenta para conseguir nossos objetivos, inclusive, acabar com a procrastinação.

Acreditar que apenas o fato de mentalizarmos determinadas situações ou coisas atrairá essas coisas ou que as situações ocorrerão naturalmente não parece muito palpável para mim. Mas mentalizar essas situações fortalece a crença nas suas realizações, aumenta nossa predisposição para realizá-las e ativa nossa mente para agir contra qualquer pensamento sabotador.

Nesse aspecto, após identificar os atos de procrastinação, promover a conversa entre as partes em conflito, dispensar a parte procrastinadora e manter a parte realizadora, realizar a Ponte ao Futuro vai criar e fortalecer as sinapses direcionadas ao nosso objetivo e tornar como hábito a realização das nossas obrigações.

A estratégia da Ponte ao Futuro ainda pode ser utilizada como ferramenta para solucionar e superar dificuldades. Além de imaginar a situação futura de realização da ação de forma rápida, eficiente e qualificada é possível imaginar a ação de diversos sabotadores e fatos de distração que possam comprometer o objetivo e nos levar a procrastinar a ação. Criando, mentalmente e antecipadamente, soluções para superar essas interferências.

Pode-se imaginar uma situação em que durante a realização da tarefa, a gente receba um telefonema. Na Ponte ao Futuro você vê a situação ocorrer e já imagina diversas formas de agir para evitar procrastinar a tarefa. Pode imaginar-se sendo objetivo no telefone, ou elaborar uma resposta dizendo que retorna à ligação depois da conclusão da tarefa e assim por diante.

Da mesma forma pode-se imaginar situações de distração como um colega puxar conversa ou a vontade de ir ao banheiro. Na Ponte ao Futuro é possível imaginar essas situações e buscar soluções e ações para minimizar a influência dessas ocorrências e impedir a procrastinação da tarefa.

**O cérebro é como um músculo.
Quando pensamos bem,
nos sentimos bem.**

Carl Sagan

Como eu disse, lá no começo do livro, você é o responsável por encontrar as melhores soluções. Nesse caso, quantos mais possibilidades você conseguir imaginar, melhor. Mais fortalecido e preparado você estará para evitar a procrastinação.

No começo você sentirá que pode ser cansativo e talvez até ache um pouco difícil. Lembre-se de quando falamos sobre as sinapses e a criação de hábitos. Quantos mais você praticar a Ponte ao Futuro mais fácil ela se tornará e melhores serão os resultados.

Outra opção de desenvolvimento de prática e criação de experiência é uma variação da Ponte ao Futuro, mas com regressão ao passado. A técnica consiste em identificar no passado situações em que você procrastinou e imaginar soluções para evitar a repetição do ocorrido.

Basicamente você reescreve na sua mente a história que aconteceu. A história não vai mudar, mas você criará soluções e fortalecerá ligações sinápticas em sua mente que estarão preparadas para agir no futuro em situações similares.

CAPÍTULO VIII

Pedindo ajuda

Neste momento você já deve ter realizado uma boa mudança na sua vida. Já deve ter parado de procrastinar muitas coisas, se tornou mais eficiente e realizador, mas você deseja melhorar ainda mais e sente que está em um momento difícil, não consegue mudar algumas coisas e outras você não sabe como lidar.

Não se preocupe, não fique ansioso. Observe o ganho que você teve, mesmo que tenha sido uma pequena mudança. Você evoluiu. Se você foi capaz de dar alguns passos ou muitos, consegue dar outros. Sempre é possível melhorar cada vez mais, principalmente para aqueles que sentiram dificuldade ou acabaram não conseguindo avançar a partir de certo ponto. A boa notícia é que existem Super-heróis preparados para te ajudar.

Quando você tem um problema na sua casa, você chama um especialista para resolver a situação. Quando seu carro tem um problema mecânico, você leva para a oficina. Quando você fica doente, você procura um médico.

Em alguns casos, você até pode tentar resolver o problema por conta própria. Algumas vezes, consegue resolver o problema, mesmo que temporariamente. Conserta o cano, troca o pneu ou toma um remédio para dor de cabeça.

Inevitavelmente, em situações mais problemáticas, buscamos a ajuda de especialistas. Procuramos por Super-heróis naquela área. Pessoas que, pela sua qualificação técnica e experiência, conseguirão resolver o problema com mais desenvoltura ou nos ajudar a encontrar a solução possível.

> **Os problemas significativos que enfrentamos não podem ser resolvidos no mesmo nível de pensamento em que estávamos quando os criamos.**
>
> *Albert Einstein*

O mesmo se aplica aos nossos comportamentos e hábitos, em especial, com relação a procrastinação. No começo do livro eu disse que a procrastinação era um hábito enraizado na tradição das pessoas desde o surgimento da espécie humana. Nosso pensamento era imediatista e ligado ao resultado mais próximo, por isso procrastinamos diversas coisas que estão ligadas a resultados mais distantes, a consequências no futuro.

Reconheço que mudar um hábito que acompanha a humanidade desde seu surgimento não é uma tarefa fácil, por isso, é recomendável e inteligente buscar ajuda. Existem muitos profissionais preparados para prestar essa ajuda. São psicoterapeutas como psicólogos e psiquiatras, psicoterapeutas alternativos, profissionais de recursos humanos e desenvolvimento pessoal e profissionais de Coaching.

Todos estão aptos a ajudá-lo por meio de técnicas e procedimentos diferentes nas áreas de suas especializações. Por que essas pessoas estão aptas para ajudá-lo? São experientes com essas situações. Já viram e ajudaram pessoas com problemas e dificuldades parecidas com as suas. Já têm vivência no assunto e conhecem diversas soluções para cada situação. Com a ajuda desses profissionais, você irá aprender com o erro dos outros.

Minha dica, se você me permite dar um conselho, é buscar um profissional que apresente o leque mais amplo de recursos, técnicas, conhecimentos e experiência sobre o assunto. Particularmente, existe uma tendência de um tipo de profissional se encaixar dentro desse perfil multidisciplinar de técnicas e conhecimentos, o Coach.

Estudo realizado pela PriceWaterhouseCoopers em 2009 destaca a eficácia do Coaching para muitas situações e problemas. A pesquisa foi encomendada pela International Coach Federation (ICF), maior entidade independente do setor e que tem como objetivo preservar a integridade da prática do Coaching no mundo.

O trabalho foi realizado com 2.165 clientes de Coaching em 64 países diferentes. O resultado pode ser considerado excelente para o setor. Dos entrevistados, 80% revelou aumento da autoestima; 73% afirmaram que melhoraram seus relacionamentos e 70% aumentaram seu desempenho profissional. O índice de satisfação alcançou 82,7% e 96,2% dos entrevistados afirmaram que repetiriam o processo.

A velocidade para alcançar os objetivos também é outro fator determinante. Pesquisa realizada por Alfred A. Barrios, PhD em Psicologia Clínica pela Universidade da Califórnia, intitulada "Hipnoterapia: uma reavaliação", publicada na American Health Magazine, fez um comparativo entre a taxa de recuperação e o número de sessões entre três tipos de psicoterapias diferentes: psicanálise, terapia comportamental e hipnoterapia.

Método	Taxa de Recuperação	Sessões	Tempo
Psicanálise	38%	800	12,5 anos
TCC	72%	22	5,5 meses
Hipnoterapia	93%	6	1,5 meses

Fonte: "Hipnotherapy: a reapraisal", de '970, Dr. Alfred A. Barrios, PhD em Psicologia Clínica pela Universidade da Califórnia.

Nesse quadro, podemos incluir os dados da pesquisa da PriceWaterhouseCoopers, que apontou um índice de satisfação de

82,7% para os processos de Coaching em um processo de 10 sessões ou 2,5 meses.

Método	Índice de Satisfação	Sessões	Tempo
Coaching	82,7%	10	2,5 meses
Fonte: Pesquisa Pricewaterhouse Coopers em 2009.			

O Coaching não trata de doenças, por isso não é adequado falar em cura ou taxa de recuperação, mas é possível fazer uma analogia e considerar o índice de satisfação como resultado do processo ou melhora do cliente.

O processo de Coaching tradicional – de vida ou executivo – tem um tempo médio de duração de 10 sessões, ou 2,5 meses. Comparativamente, o tempo de processo é superior ao tempo em sessões de hipnoterapia.

Por reconhecer a eficiência da hipnose como ferramenta psicoterapêutica ou transformadora de hábitos das pessoas, fui buscar dentro da psicoterapia com hipnose os melhores métodos existentes. Na busca pelos melhores resultados, conheci a Programação Neurolinguística, desenvolvida por Richard Bandler e John Grinder. Os dois resolveram estudar aqueles que eles consideravam os maiores psicoterapeutas da sua época. Analisaram e modelaram o comportamento e abordagem de Fritz Oerls, psicoterapeuta criador da Gestalt; Virgina Satir, terapeuta familiar; e Milton Erickson, hipnoterapeuta reconhecido pela velocidade dos resultados de seus tratamentos. Os criadores da PNL também estudaram às teorias de Gregory Bateson, Alfred Korzyjbski, Carlos Castañeda e Noam Chomsky.

Grinder e Bandler aperfeiçoaram as melhores técnicas e padrões para desenvolvimento das pessoas e consolidaram elas em uma metodologia, um modelo, uma abordagem única: a Programação Neurolinguística (PNL).

**Não existem métodos fáceis
para resolver problemas difíceis.**

Descartes

A PNL ultrapassou a esfera terapêutica e se tornou referência mundial no desenvolvimento da excelência humana. O Coaching – em alguns dos seus formatos e métodos – incorporou os conhecimentos, estratégias e técnicas da PNL aos seus processos, mesmo que muitos profissionais da área relutem em assumir isso.

Vou utilizar uma metáfora, um recurso ericksoniano, para explicar a relação do Coaching e da PNL. É possível dizer que a PNL é um grande filé, suculento, saboroso e capaz de saciar a fome de alguém; o Coaching é um prato com mais ingredientes, com arroz, feijão, salada e até mesmo o filé da PNL. Os dois são eficientes e produzem bons resultados. Quando aliados em uma metodologia, seus resultados, velocidade e eficácia aumentam exponencialmente.

Esses resultados podem ser potencializados ainda mais com a utilização da hipnose. Como os próprios criadores da PNL afirmam 'tudo é hipnose' e ao mesmo tempo 'hipnose não existe'. Apesar de paradoxal, a afirmação de Bandler e Grinder é bem verdadeira: se tudo é hipnose, não precisamos dar um nome para tudo.

O que convencionamos chamar de estado hipnótico é a situação em que o transe é induzido e mais profundo que os momentos hipnóticos que temos comumente no nosso dia-a-dia. Esses momentos são bem corriqueiros, como quando mantemos um estado de atenção plena em um filme que estamos assistindo, uma conversa ou uma música que escutamos e até mesmo quando dirigimos o carro.

A hipnose é capaz de potencializar ainda mais os resultados dos processos por que atua diretamente em nosso subconsciente. Ao trabalhar com o subconsciente, a eficácia das sugestões, das respostas encontradas, das mudanças propostas é extremamente mais forte. No nível além da consciência, não temos barreiras artificiais, criadas racionalmente. As respostas obtidas, as informações adquiridas e os resultados são mais puros, mais naturais, por que atuam na nossa essência.

Você deve ter observado no livro que, em algumas práticas, eu recomendava a realização do exercício de respiração e logo em seguida que você fechasse os olhos. Esse exercício tinha um objetivo: acessar seu subconsciente, para tornar o resultado mais eficaz.

O resultado obtido com o exercício depende do nível de permissão de cada pessoa. Quanto mais flexível, segura, confiante for a pessoa, a tendência é alcançar melhores resultados. Essas pessoas possuem um padrão de segurança interna elevado e se permitem facilmente adotar medidas mais avançadas, como acessar seu subconsciente.

Pessoas que dizem ter personalidade forte, se consideram altamente racionais, tendem a ter dificuldade em alcançar seu subconsciente. Isso porque, de certa forma, possuem receios das verdades e respostas que podem encontrar, não possuem segurança interna suficiente e têm medo de se permitirem tal experiência. Parece evidente que as pessoas que se consideram fortes, que se consideram como não hipnotizáveis são mais inseguras e por isso criam barreiras e muros impedindo o acesso à sua essência.

Metaforicamente é como pensar em um reino que não se sente ameaçado pelos vizinhos. Um reino que vive em segurança. Ele não precisa de muros e barreiras impedindo que as pessoas entrem em sua cidade. Em contrapartida, um reino inseguro, com graves problemas de segurança e vivendo sob constante medo, cria muros altos e barreiras para qualquer forasteiro que queira adentrar a cidade.

Os resultados de processos de mudança utilizando as ferramentas de Coaching e as técnicas de PNL são melhores com as pessoas que se permitem, que não erguem barreiras e que têm a coragem de utilizar o poder da sua mente, o poder do seu subconsciente. Isso porque o Coaching e a PNL trazem em suas estruturas o que há de melhor na linguística, na psicoterapia, na terapia comportamental, no desenvolvimento da excelência humana, nas técnicas de planejamento e desenvolvimento de estratégias. A hipnose permite que toda essa potencialidade seja mais efetiva.

Viver é enfrentar um problema atrás do outro. O modo como você os encara é que faz a diferença.

Benjamin Franklin

O método do Pocket Coaching une essas três áreas na busca de melhores resultados para as pessoas. O Pocket Coaching consiste em uma metodologia com atuação cirúrgica e resultado preciso. Sua base é o tripé do mapeamento e diagnóstico; ação, indução e intervenção, e feedback, reforço e ajuste.

Em três sessões, menos de um mês, o cliente do Pocket Coaching consegue alcançar seu resultado, como por exemplo, mudar sua programação mental, de uma pessoa procrastinadora para uma pessoa realizadora. A velocidade e eficácia do método provoca um efeito dominó. O cliente sente-se mais confiante e disposto para outras mudanças. Ele está pronto para seguir a jornada de transformação pessoal e buscar sua melhor versão.

Alguns colegas de profissão e profissionais de outras áreas questionam a eficiência da PNL, da hipnose e até mesmo do Coaching, principalmente quando falamos sobre a velocidade dos resultados quando as três áreas são utilizadas em conjunto. Apenas após compreender como essas ferramentas funcionam é que é possível entender como conseguem ser tão eficazes e rápidas quando utilizadas em conjunto, como acontece no método do Pocket Coaching.

Compreender a eficiência e como funciona o método do Pocket Coaching passa inicialmente por entender um pouco de neuroplasticidade. Conhecida também como plasticidade neuronal, a neuroplasticidade é a capacidade do cérebro se adaptar a mudanças por meio do sistema nervoso. É a capacidade cerebral de reorganizar seus circuitos neurais e seus neurônios por meio de aprendizagem e vivências, moldando novos circuitos neurais, novas conexões sinápticas.

As sinapses ou conexões sinápticas referem-se aos processos comunicacionais dos neurônios. Em uma sinapse, um neurônio envia uma mensagem para outro neurônio. As sinapses são químicas e/ou elétricas. Nas sinapses elétricas ocorre um fluxo de íons entre as células. Nas sinapses químicas, o processo comunicacional é realizado por meio de elementos químicos. Em uma sinapse química, o neurônio pré-sináptico – que envia a mensagem - libera neurotransmissores que se ligam aos receptores na célula pós-sináptica – que recebe a mensagem - e a tornam mais ou menos propensa a desencadear uma ação.

De forma exemplificada, ao perceber uma situação de perigo, o cérebro começa um processo de comunicação – sinapse – com todo o corpo por meio da transmissão de elementos químicos relacionados a sensação de medo com o objetivo de estimular uma ação: fugir. Esses elementos químicos provocam sinapses elétricas que estimulam o corpo a realizar movimentos para conseguir atingir o objetivo de fugir.

A contínua realização de sinapses de determinado tipo, por exemplo, comunicações desencadeando a tristeza, leva ao fortalecimento dessas ligações, tornando-as cada vez mais fortes até ganharem a condição de hábito e passarem a ocorrer naturalmente, até mesmo de forma inconsciente. Dessa forma uma situação de tristeza permanente pode levar a um quadro de depressão; ou, pelo contrário, uma situação de alegria constante leva à maior disposição e confiança.

Essas transformações das relações sinápticas, o surgimento ou desaparecimento delas, o seu fortalecimento ou enfraquecimento é o que se denomina neuroplasticidade. A capacidade dos neurônios se regenerarem e de criarem novas conexões. A neuroplasticidade é a capacidade de modelagem da nossa mente, a capacidade do cérebro se adaptar as mudanças, é a maleabilidade cerebral.

**Nada é permanente nesse mundo cruel.
Nem mesmo os nossos problemas.**

Charles Chaplin

Essa modelagem é criada por pensamentos, vivências, emoções, comportamentos, necessidades pessoais e influência do ambiente, do meio externo. Esses fatores criam e alteram a rede de conexões dos neurônios da nossa mente.

Quando estudamos algo, pensamos a respeito de determinada questão, criamos sinapses e desenvolvemos um conhecimento teórico sobre o assunto. Quando experimentamos uma comida ou bebida ou praticamos uma atividade, um trabalho ou exercício, criamos sinapses sobre essas vivências. Quando nos emocionamos criamos sinapses ligando o evento provocador da sensação e a própria sensação. Quando recebemos influências do ambiente, do meio em que vivemos, criamos sinapses.

Observe que todas essas sinapses foram criadas por meio de atividades concretas, realizadas de fato. Precisamos comer ou beber algo para criar as sinapses de sabor referentes a esses alimentos. Da mesma forma, precisamos ler um livro ou realizar um trabalho de fato para criar as sinapses de aprendizado e experiência referentes.

Imagine que você já tem consciência da sua condição de procrastinador e de como deve agir nas situações de potencial procrastinação de uma tarefa. A única forma – a princípio – de criar sinapses referentes a atitudes para evitar procrastinar algo é por meio da experiência de fato, pela vivência de uma ocorrência em que você terá que aplicar o que sabe sobre procrastinação e os recursos que desenvolveu para não deixar a atividade para depois.

Fica evidente que a transformação da pessoa, a mudança de suas atitudes para outras ações e até a transformação dessa mudança em hábito fica condicionada a um fator externo: a ocorrência de situações em que possam ser aplicados os recursos desenvolvidos, para a criação das sinapses da nova atitude e seu fortalecimento até se transformar em hábito. Não é satisfatório deixar que a nossa mudança seja condicionada pelo ambiente externo.

Milton Erickson afirmava que todos os recursos que precisamos estão dentro de nós. De forma extremamente sábia, o psicoterapeuta estava corretíssimo. Nossa mente possui a capacidade de superar essa influência externa.

Nós vimos no capítulo anterior uma ferramenta extremamente poderosa, o ensaio mental da técnica da Ponte ao Futuro. A técnica consiste em imaginar situações no futuro em que existe a possibilidade de procrastinar uma tarefa e que aplicamos os recursos aprendidos e realizamos a tarefa de imediato. Quando imaginamos essa situação, nossa mente não faz distinção entre realidade e ficção, ela age promovendo sinapses relacionadas a essa situação, criando uma atitude de realização das obrigações e desejos de forma imediata, sem deixar para depois, sem procrastinar.

Quanto mais ensaios mentais forem realizados sobre a questão, demonstrando como devemos agir, quais atitudes tomar, mais fortes se tornam as sinapses relacionadas ao novo comportamento, de tal forma que é possível tornar essa sinapse uma ligação tão forte que a atitude adotada já é considerada pela nossa mente e corpo como um hábito.

Em uma situação em que existe o risco de procrastinarmos a realização de determinada tarefa, automaticamente nossa mente acionará as sinapses já existentes e bem fortalecidas referentes a atitude de não procrastinar, de realizar as tarefas de forma imediata ou o mais rapidamente possível, bloqueando possíveis sabotadores ou qualquer argumento de desculpa ou justificativa que levassem à procrastinação.

Compreender o potencial da nossa mente, de criar a realidade, desenvolver sinapses para determinadas situações, é essencial para entender como o método do Pocket Coaching, unindo Coaching, PNL e hipnose, consegue resultados tão eficientes e rápidos.

**A imaginação é a prévia
das atrações do futuro.**

Albert Einstein

Nas sessões de Pocket Coaching, o cliente treina e aperfeiçoa as técnicas de mentalização de uma forma que elas se tornam hábito rapidamente. O método é um facilitador para as pessoas que não conseguem avançar, dar o primeiro passo, por conta própria.

Uma das grandes dificuldades das pessoas refere-se exatamente ao primeiro passo em direção à mudança. Elas não sabem qual caminho seguir e nem como caminhar em direção ao seu objetivo. Nesse ponto insere-se o papel do facilitador, do profissional com conhecimento do assunto. Ele vai auxiliar a pessoa a ver os caminhos existentes e as formas de chegar até seu destino e permitir que a pessoa encontre suas respostas mais facilmente.

Já que usamos a analogia dos Super-Heróis, podemos dizer que os profissionais da psicanálise, terapia comportamental, hipnoterapia e Coaching tradicional são Super-heróis, integrantes da Liga da Justiça. O Pocket Coaching é mais um Super-Herói, mais um integrante da Liga da Justiça. Só que ele é o mais poderoso, o mais eficiente, o mais forte: o Super Homem.

Bônus especial

A procrastinação é um hábito ruim que além de diminuir a eficiência e capacidade de realização das pessoas também pode levar a um quadro de autoestima reduzida, de culpabilidade e até quadros mais graves de depressão e ansiedade.

O procrastinador reconhece que não realiza suas atividades e obrigações no tempo adequado e da melhor forma possível e começa a se culpar por isso. Esse processo leva a pessoa a desenvolver 'monstros internos' de que ela é incapaz ou não merecedora. De certa forma, pode se dizer que a pessoa cria um trauma em relação as suas obrigações e tarefas de tal forma que é incapaz de assumir novos trabalhos, novos desafios pelo medo que a sua condição de procrastinador a leve ao fracasso.

A transformação da mente da pessoa procrastinadora em pessoa realizadora passa pela ressignificação dos eventos anteriores, pelo perdão dos erros do passado e pela utilização desses acontecimentos, utilização da sua história, como fonte de aprendizado e desenvolvimento pessoal.

Como bônus especial do livro, vou apresentar a técnica de Regressão com a Tela de Cinema para que a pessoa possa ressignificar sua percepção sobre suas falhas, aprender com os acontecimentos e desenvolver recursos para usar no futuro. Como resultado, ela será capaz de perdoar seus erros do passado.

O valor fundamental da vida depende da percepção e do poder de contemplação ao invés da mera sobrevivência.

Aristóteles

A técnica consiste nos seguintes passos:

1 – Imagine que está dentro de um cinema e que na tela está passando o filme da sua vida – você pode retroceder para o passado ou avançar para o futuro da história.

2 – Volte o filme até um momento em que você procrastinou algo. Assista a cena em que ocorreu a procrastinação, observando as justificativas e as desculpas que usou – mesmo que tenha criado as desculpas apenas mentalmente – para procrastinar e o que você passou a fazer em vez de realizar sua obrigação.

3 – Avance para a cena em que você teve que fazer a tarefa, não havia mais como procrastinar a ação. Observe as consequências

negativas, perceba suas reações emocionais, perceba principalmente se você estava arrependido por não ter feito a tarefa antes.

4 - Retorne para as imagens do começo da situação original, em que você procrastinou a tarefa. Assista o ocorrido novamente, agora percebendo quais soluções, quais recursos poderia ter utilizado para evitar procrastinar a tarefa. Quando a cena chegar ao seu fim, congele a imagem, paralise a ação.

RESUMO DA PRIMEIRA PARTE DA INDUÇÃO - Você entendeu porque procrastinou, compreendeu como agiu e as atitudes que adotou que o levaram a procrastinar o seu dever. Também analisou a situação e viu como poderia agir diferente, de uma forma que não adiasse a execução do trabalho. Agora, está na hora de conversar com você mesmo sobre a situação. Lembre-se, esse é seu Universo, sua mente, e você tem controle total sobre o que acontece nesse Universo.

5 - Vá até a tela do cinema, onde está sendo exibido o filme da sua vida e converse com você mesmo. Retire a sua versão do passado da tela e converse com ela. Fale para ela que você entende por que deixou de fazer aquela ação, que ela ainda não sabe, mas no futuro terá que realizar a tarefa, mais pressionada e em cima do prazo. Que ela ficará arrependida de ter procrastinado a obrigação. Após explicar tudo isso, destaque que você entende que a sua

versão do passado não tem culpa, que ela não percebeu as consequências do seu ato, mas que isso foi bom, por que agora, graças a esse episódio, você conseguiu perceber como procrastinar era prejudicial e conseguiu mudar suas atitudes. Graças ao ocorrido, hoje você é uma pessoa melhor, que mudou suas atitudes e desenvolveu novos hábitos.

6 – Mantendo a sua versão do passado – que procrastinou a ação – ao seu lado, avance a história na tela de cinema até um momento no futuro em que você não procrastinou algo e acabou sendo eficiente, realizando suas obrigações de uma forma bem satisfatória. Assista a toda a cena de realização da tarefa junto com sua versão procrastinadora do passado, observem as novas atitudes adotadas. Ao finalizar essa cena, avance para um momento no futuro em que você está recebendo o retorno por ter sido realizador, eficiente. Pode ser um momento em que você recebe um elogio do seu parceiro ou parceira por que consertou algo ou arrumou algo da casa; pode ser um momento que você recebe uma promoção no seu trabalho; ou pode ser até mesmo um momento em que você está descansando ou fazendo uma atividade prazerosa, que foi capaz de realizar, por ter mais tempo para cuidar de você mesmo, principalmente como consequência de deixar de ser uma pessoa procrastinadora.

7 – Depois de assistir as cenas do futuro, retorne o filme ao exato momento em que você retirou a sua versão do passado da tela de cinema. Agradeça a ela pelos aprendizados, que graças a eles você conseguiu se tornar uma pessoa melhor e que no futuro você se tornará uma pessoa realizadora como vocês acabaram de assistir.

8 – Após a sua versão do passado retornar à tela de cinema, desligue a projeção e saia da sala, abrindo seus olhos e retornando para a realidade.

Se as portas da percepção estivessem limpas, tudo apareceria para o homem tal como é: infinito.

William Blake

A técnica tem como objetivo superar qualquer complexo de culpa realizando um auto perdão. Vou transcrever uma indução da técnica para demonstrar como ela funciona na prática.

Respire profundamente, puxando o ar pelo nariz e soltando lentamente pela boca e conforme você deixa o ar sair, sinta seu corpo relaxando. Repita a respiração e perceba seus braços relaxando e sinta suas pernas relaxadas e solte seu pescoço e ombros, lentamente, cada vez mais relaxado e aprofundando no seu interior, no seu subconsciente, onde estão suas melhores respostas e seus conhecimentos mais profundos e onde estão coisas que você sabe, mas não sabe que sabe e que perceberá que estão a sua disposição pois você sabe que sabe disso.

Imagine que você está dentro de um cinema e na tela está passando o filme da sua vida. Muito bem. Sente-se confortavelmente em uma poltrona do cinema, sentindo-se relaxado e confortável para assistir ao filme da sua vida.

Existem coisas muito boas que aconteceram em sua vida e outras coisas que serviram de aprendizagem. Você está no controle do filme e pode avançar as cenas para o futuro ou retornar para o passado conforme sua vontade e interesse. Você gostaria de ver cenas do seu passado, momentos bem felizes, mas sabe que no momento é importante rever um momento que serviu de aprendizado e que serviu para você se tornar uma pessoa melhor.

Retorne o filme até um momento, uma cena, em que você procrastinou algo, deixou de fazer alguma coisa. Você sabe que esse momento foi importante pois você aprendeu muitas lições com ele. Quando encontrar esse momento, avise dizendo que achou a cena.

- Achei

Muito bem, você está indo muito bem. Assista a cena tranquilamente observando porque você procrastinou e porque deixou de fazer sua obrigação. Perceba quais justificativas que você tinha para não fazer aquela atividade naquela hora, talvez você tivesse bastante prazo, talvez você achasse que estava cansado ou talvez tivesse outra razão, não importa. Enquanto assiste a cena, lembre dessas justificativas percebendo que na época elas faziam sentido para você, mas que agora não fazem mais sentido.

Observe tudo o que você fez e o que não fez, em vez de realizar o que deveria realizar. Talvez você tenha realizado outra tarefa menos importante, mais prazerosa, talvez tenha ficado simplesmente enrolando, foi conversar com os colegas de trabalho ou ficou acessando as mídias sociais, pode ter sido qualquer uma dessas situações ou outras situações. Quando acabar de assistir o episódio me avise dizendo acabei.

- Acabei.

Ótimo. Avance o filme da sua vida até um momento depois dessa cena, o momento em que você teve que realizar a tarefa que acabou de deixar de fazer. O momento em que você teve que fazer o que deixou de fazer no momento certo. Avance até este momento e ao encontrar esse momento, avise dizendo achei.

- Achei.

Assista esse momento e observe a cena e veja como estava seu humor. Talvez você estivesse zangado ou cansado por ter que fazer o trabalho na última hora. Possivelmente você estava arrependido de não ter feito a atividade antes. Perceba que o trabalho não está sendo realizado com toda a qualidade que você é capaz pois o tempo é curto. Lembre desse momento e que talvez você tenha deixado de lado outras coisas importantes como ficar com sua família ou se divertir com os amigos ou até mesmo apenas descansar, talvez outras coisas você tenha deixado de fazer para finalizar o trabalho. Quando acabar de assistir esse momento, avise dizendo acabei.

- Acabei.

Agora retorne o filme para a cena anterior, ao começo daquele episódio em que você procrastinou, que você deixou de fazer algo. Quando retornar a esse momento, me avise dizendo achei.

- Achei.

Assista novamente a cena, porém agora observe o que você poderia ter feito para não procrastinar a atividade. Que recursos poderia ter utilizado e como poderia ter agido para conseguir fazer a atividade naquele momento. Talvez você não devesse conversar com os colegas ou não deveria ter acessado as mídias sociais e talvez você simplesmente precisasse parar para respirar e imaginar como seria bom concluir aquela tarefa o mais rapidamente possível. São várias soluções que você poderia ter adotado e você conhece elas e pode escolher muitas delas para usar nesse momento. Quando chegar ao final da cena, pare a imagem, congele a história e me avise dizendo parei.

- Parei.

Muito bem, você já sabe as consequências da sua procrastinação e também já sabe como agir para evitar essa procrastinação e sabe que no futuro você não agirá mais dessa forma por que aprendeu a lição. Você melhorou e se aperfeiçoou graças a esse fato, graças a esse acontecimento que você considerava como uma falha, mas que agora percebe como aprendizado, que esse fato lhe deu experiência e conhecimento para saber o que te levava a adiar seus trabalhos e as consequências dessa ação. Com esse conhecimento e experiência, levante da sua cadeira e vá até a tela de cinema.

Lembre-se, esse é seu Universo e você está no controle de tudo. Retire sua versão do passado da tela de cinema e converse com ela. Explique que você compreende as justificativas que ela tinha para adiar o trabalho, conte que ela ainda não sabe das consequências, mas que terá que trabalhar mais para realizar o trabalho, que o resultado não será tão bom pois o prazo para entrega ficou curto. Então explique para a sua versão do passado que está tudo bem, pois graças a esse episódio você adquiriu excelentes aprendizados e experiência e hoje você está diferente, não adia mais suas obrigações, pelo contrário, realiza suas tarefas com antecedência. Explique tudo isso para e diga que ela não deve se sentir culpada, que ela não tem culpa pois não tinha noção das consequências e resultados das suas escolhas. Agradeça a ela porque graças a esse episódio você conseguiu mudar e ser tornar alguém melhor, se não fosse por esse acontecimento, você não teria mudado, então você é gratò pela experiência e aprendizado desenvolvido. Quando terminar de falar com sua versão do passado me avise dizendo acabei.

- Acabei.

A seguir, mantendo a sua versão do passado junto com você fora da tela do filme, adiante as imagens até um outro momento, quando você realiza suas tarefas dentro do prazo, até mesmo de forma antecipada. Realiza sua obrigação com qualidade e prazer. Avise quando encontrar esse momento me dizendo achei.

- Achei.

Assista ao episódio em que você realiza a atividade antecipadamente, bem antes do prazo, e conte para sua versão procrastinadora como vocês se tornaram pessoas eficientes, que não procrastinam as coisas e que um dos fatores determinantes foi aquele momento do passado, que foi um grande aprendizado. Quando terminar de explicar avise dizendo acabei.

- Acabei.

Ótimo, agora adiante o filme para uma situação do futuro em que você está aproveitando o fato de ter realizado suas tarefas antecipadamente, de forma eficiente e dentro do prazo. Pode ser quando você recebe um elogio da sua parceira por que consertou algo em casa; pode ser quando você recebeu uma promoção no trabalho; ou um momento em que você está descansando ou fazendo algo que gosta, por ter mais tempo para cuidar de si. Quando encontrar esse momento, me avise dizendo achei.

- Achei.

Assista esse momento com sua versão do passado e mostre para ela como o aprendizado que você adquiriu com o seu passado fez com que vocês se tornassem pessoas mais felizes, mais eficazes, mais realizadoras. Quando terminar de assistir a cena, me avise dizendo acabei.

- Acabei.

Ótimo, você está indo muito bem. Agora, retorne o filme ao momento em que você retirou a sua versão do passado da tela de cinema. Agradeça pelos aprendizados, explique que graças a eles vocês se tornaram uma pessoa melhor, mais realizadora e feliz. Se despeça da sua versão do passado e peça para ela retornar para a tela de cinema. Após a sua versão do passado retornar à tela de cinema, desligue a projeção e saia da sala de cinema, abrindo seus olhos calmamente, no seu tempo.

**Existem coisas que são tão claras
que não as percebemos.
Certa vez um homem ignorante saiu
com uma tocha na mão procurando fogo.
Se ele soubesse o que era o fogo
teria cozinhado sua refeição mais cedo.**

Confúcio

A indução permite que a pessoa supere sua culpa e se perdoe pelos erros do passado, compreendendo que os acontecimentos fazem parte da sua história e evolução. Ao final, com a pessoa ainda sob efeito de sugestionabilidade, aproveite para dizer que o passado é imutável e que não adianta se culpar pelo que aconteceu, que o mais inteligente é aproveitar o passado como aprendizado e utilizar tudo que aconteceu com a gente como fonte para melhoria e evolução.

Um ponto importante para qualquer indução é o pré-talk, a conversa que antecede a indução. Nessa conversa é importante ter o máximo de informações e detalhes para serem utilizados no processo.

Veja que nenhuma das colocações da indução foram criadas pelo facilitador. As sensações de raiva, cansaço e outras no momento de realização da tarefa, de forma obrigatória, após ter procrastinado ela antes, foram dadas pela pessoa no *pré-talk*.

Assim como as situações futuras, em que a pessoa realizava a tarefa com qualidade e eficiência e depois desfrutava de um momento de descanso ou junto à sua família devido as mudanças em seus hábitos, também foram contados antecipadamente pelo cliente.

A pessoa já havia mudado seus hábitos, mas ainda carregava uma certa culpa pelos erros do passado. O objetivo foi superar esse sentimento de culpa. Poderia ser uma situação em que a pessoa ainda não havia mudado seus hábitos, então não existiriam situações em que ela já havia se tornado realizadora e aproveitado a mudança. Então, a solução é realizar uma ponte ao futuro, com o cliente imaginando situações no futuro em decorrência da sua mudança.

As induções apresentadas e ferramentas ensinadas não são técnicas fixas e imutáveis. Elas devem ser adaptadas para cada situação e objetivo pretendido. Esse é a estrutura da magia, compreender que cada pessoa é única e cada solução deve adaptar-se a essa individualidade.

Ao dominar e compreender essa situação, lembre-se sempre que ao tocar uma alma humana, você deve ser outra alma humana, respeitando as diferenças e opiniões do outro, sem julgamentos e imposições. Sem querer impor suas soluções e respostas para o outro.

Compreender isso é fundamental para o sucesso dos seus processos e alcançar os melhores resultados ao ajudar as pessoas em suas mudanças. Nesse ponto você terá se tornado um aprendiz de feiticeiro, um facilitador de travessias.

O AUTOR

Marcio Flizikowski é criador do método Pocket Coaching. Professional & Self Coaching pelo Instituto Brasileiro de Coaching (IBC); Hipnoterapeuta pelo Instituto Brasileiro de Hipnose e Terapias (IBHT); Practitioner em Programação Neurolinguística pela Mental Fórmula com certificação reconhecida pela The Society of NLP e assinada pelo Dr. Richard Bandler, co-criador da Programação Neurolinguística.

Mestre em Comunicação e Linguagens pela Universidade Tuiuti do Paraná (UTP); Especialista em Gestão da Informação e Inovações Tecnológicas pela Fundação de Estudos Sociais do Paraná (FESP-PR); Bacharel em Comunicação Social - Jornalismo pela Universidade Federal do Paraná (UFPR). Possui diversos cursos de aperfeiçoamento, presenciais e on-line, destacando-se Coaching Ericksoniano e Hipnose Ericksoniana Avançada, ministrados por Jeffrey Zeig PhD pelo Instituto Elsever; Presence Coaching, ministrado por Robert Dilts e Richard Moss pelo Instituto Elsever; além de cursos complementares de Gestão de Processos, Administração do Tempo, Produtividade, Planejamento Estratégico, Qualidade de Vida no Trabalho, Aprendizagem Virtual, Ética e Atendimento entre outros.

Professor Universitário por mais de 10 anos atuando em instituições como Universidade Federal do Paraná (UFPR), Unibrasil e Opet; professor dos cursos preparatórios para concurso público Aprovação e Jurídico; jornalista nos Jornais Gazeta do Povo e Indústria & Comércio, os dois sediados no Paraná; trabalhou no Departamento de Comunicação Corporativa da Volvo do Brasil e na Revista Móbile, direcionada ao setor moveleiro.

Pai de duas filhas, Sophia e Beatriz, campeão de basquetebol dos Jogos da Prefeitura de Curitiba pelo Colégio Padre João Bagozzi e escoteiro Lis de Ouro pelo Grupo Escoteiro Brigadeiro Eppinghaus. Encontrou na profissão de Coach seu propósito de vida. Sua atuação profissional é direcionada por três pressupostos essenciais: ao tocar uma alma humana, seja apenas outra alma humana; não importa o que acontece, mas o que você faz com o que acontece; todos os recursos que precisamos estão dentro de nós.

 www.linkedin.com/in/marcio-flizikowski-332411154

 www.facebook.com/marcio.flizikowski
www.facebook.com/coachcomalmaMarcio/

 @coachmarciorf

 www.coachmarcio.com

 coach@marcio.jor.br
professor@marcio.jor.br

ISBN 978-65-900699-1-7